当代中国检察文化建设途径研究

中国检察文化理论研究文库

高保京／主编

中国检察出版社

图书在版编目（CIP）数据

当代中国检察文化建设途径研究/高保京主编．—北京：中国检察出版社，2017.12

ISBN 978－7－5102－1932－0

Ⅰ.①当…　Ⅱ.①高…　Ⅲ.①检察机关－文化－建设－研究－中国
Ⅳ.①D926.3

中国版本图书馆 CIP 数据核字（2017）第 178869 号

当代中国检察文化建设途径研究

高保京　主编

出版发行：中国检察出版社
社　　址：北京市石景山区香山南路 109 号（100144）
网　　址：中国检察出版社（www.zgjccbs.com）
编辑电话：（010）86423705
发行电话：（010）86423726　86423727　86423728
（010）86423730　68650016
经　　销：新华书店
印　　刷：北京中石油彩色印刷有限责任公司
开　　本：710 mm×960 mm　16 开
印　　张：13.75
字　　数：193 千字
版　　次：2017 年 12 月第一版　2017 年 12 月第一次印刷
书　　号：ISBN 978－7－5102－1932－0
定　　价：45.00 元

《中国检察文化理论研究文库》
课题编委会

《中国检察文化理论研究文库》
课题专家指导组

组　长　谢鹏程

成　员　(按姓氏笔画排序)

白岫云　李　辉　张建伟　徐建波　谢鹏程

《当代中国检察文化建设途径研究》编委会

前　言

文化是民族的血脉，是人民的精神家园。检察文化作为中国特色社会主义文化的重要组成部分，在传播社会主义法治理念、弘扬检察精神、凝聚检察力量、塑造检察形象、推动检察事业发展方面，具有不可替代的重要作用。

深入开展检察文化理论研究，是加强检察文化建设的一项长期性战略任务。中国检察官文学艺术联合会自成立以来，在高检院党组的正确领导和中国文联的指导下，始终把检察文化理论研究作为一项基础性、长期性工作来抓，坚持检察文化理论研究紧紧围绕党和国家的重大战略部署来谋划、围绕建设社会主义文化强国和法治国家的全局来思考、围绕检察机关的中心工作来推进；坚持检察文化理论研究扎根于丰富多彩的检察文化建设实践，遵循检察工作规律和检察文化发展规律，突出检察核心价值观，围绕检察改革和发展实践中的重大问题，从文化层面开展深入、持久的研究，逐步建立检察文化理论体系；坚持检察文化理论研究以广大检察人员为主体，充分调动检察人员参与检察文化理论研究的积极性和创造性，力争多出研究成果。自中国检察官文联筹备到成立以来，中国检察官文联会同各省检察院和省检察官文联开展了一系列检察文化理论研究活动。2010年10月，中国检察官文联筹备组会同湖北省检察院在武汉召开了检察文化暨法治文化理论研讨会，为检察官文联的成立进行理论上的准备。2012年5月，中国检察官文联会同陕西省检察院，为纪念毛泽东延安文艺座谈会讲话发表70周年，在延安举办了首届中国检察官文化论坛。之后每年举办一次，每次论坛都紧密结合检察队伍和检察文化建设实践拟定主题。截至2016年，中国检察官文联又先后会同吉林省、内蒙古自治区、上海市和重庆市检察官文联，分别以检察廉政文化建设，检察基层文化建设的理论与实践，惩治、预防职务犯罪，公正、文明、规范执法和检察官文化修养与公正文明司法为主题，举办了四届论坛。对于每届论坛的论文，都组织专家评奖，并编撰成集，由中国检察出版社出版。目前，中国检察官文化论坛已成为加强检察队伍建设、深化检察文化理论研究的一块重要阵地和具体抓手。

在举办检察文化论坛的同时，中国检察官文联认真组织检察系统的理论研究人才和相关单位的专家、学者，对检察文化的一些基本理论问题进行集中研究，2014 年 5 月，中国检察出版社出版了《检察文化初论》一书。曹建明检察长为该书作序，并给予充分肯定，明确指出“该书贯穿了马克思主义的立场、观点和方法，体现了近年来高检院关于检察文化建设的政策方针，形成了紧密联系实际、富有理论创新、内容比较完整的理论体系，反映了检察人员对中国特色社会主义检察文化建设规律的不懈探索，具有较高的文化理论价值和实践指导意义”。

为深入推进检察文化理论研究工作，中国检察官文联决定组织编写《中国检察文化理论研究文库》，从不同角度系统研究检察文化建设实践中的一系列基本理论问题和实践问题，力争填补检察文化理论研究空白，为检察队伍建设和检察工作深入开展提供精神动力和理论支撑。《中国检察文化理论研究文库》第一批研究课题设立了 11 项，具体是：检察文化核心价值、检察职业理念、检察职业精神、检察职业道德、检察职业行为、检察职业形象、中国检察文化发展史、检察文化比较、检察文化发展规律、检察文化自觉、当代中国检察文化建设途经。北京、贵州、湖南、山东、甘肃、山西、河北、陕西、辽宁、海南、吉林、广东、四川、江苏、广西、湖北、内蒙古 17 个省级检察官文联先后提交了课题申报材料，经专家评审，有 13 个单位成为 11 个课题的研究单位。海南省和辽宁省、甘肃省和河北省分别联合承担了《检察职业行为研究》和《检察职业道德研究》

课题，北京市、吉林省、江苏省、湖南省、四川省、陕西省、贵州省、湖北省、内蒙古自治区呼和浩特市分别承担了《当代中国检察文化建设途径研究》、《检察职业形象研究》、《检察文化比较研究》、《检察职业理念研究》、《中国检察文化发展史》、《检察职业精神研究》、《检察文化核心价值研究》、《检察文化发展规律研究》、《检察文化自觉研究》9个课题。

为加强对课题研究工作的领导，2014年初，召开了《中国检察文化理论研究文库》课题研究工作座谈会，中国检察官文联成立了由时任中国检察官文联主席张耕同志任主任，最高人民检察院党组成员、政治部主任、中国检察官文联副主席王少峰同志为副主任，中国检察官文联副主席、专家学者为成员的编委会，负责整个文库论著的编撰组织工作。编委会下成立了由中国检察官文联主要领导、各课题负责人、专家学者组成的课题编委会和由各个课题主要负责人、专家学者、撰稿人组成的具体课题编委会，负责各课题的撰写工作。同时建立由检察系统的理论研究人才和清华大学、中国法学杂志社的专家、教授组成的专家指导组，负责对课题研究工作的指导。中国检察官文联秘书处还成立了课题协调推进组，负责课题的组织协调工作。

为有效推动课题研究工作，2014年3月，中国检察官文联就编写工作发出通知，对课题的申报、结题、评审、奖励等提出了明确要求。2014年9月，中国检察官文联在贵阳市召开了《中国检察文化理论研究文库》课题研究工作座谈会，来自全国13个省区市检察官文联的课题组有关负责同志和部分专家学者参加了会议。会议通报了课题研究工作进展情况，对如何进一步抓好文库建设和课题研究工作进行了具体部署。2015年4月、6月、9月，中国检察官文联在北京先后召开课题审核工作座谈会，组织各课题组与专家面对面讨论撰写大纲，认真听取修改意见和建议。在课题研究过程中，各级检察机关高度重视。各省级检察院和检察官文联的主要领导亲自部署、积极参与，给予了热情关心和大力支持。各省级检察官文联的领导同志都担任了课题组负责人，经常参与研究、推进课题研究工作。各课题组成员和主要撰稿人，克服工学矛盾，兢兢业业，加班加点，以坚韧不拔的毅力出色完成了课题研究任务。

不积跬步，无以至千里。《中国检察文化理论研究文库》的11项课题研究工作只是检察文化理论研究的第一步尝试。我们将继续紧密结合检察文化建设实践，围绕检察文化建设实践中的重大问题，进一步开展理论研究，不断推出具有一定理论价值和理论深度的研究成果，探索构建中国特色社会主义检察文化理论体系，为推动检察文化事业的繁荣发展作出应有的贡献。检察文化理论研究是一项十分宏大而艰巨的系统工程，需要有志于这方面研究的检察官、理论家通力合作，艰苦攻关。《中国检察文化理论研究文库》是中国检察官文联为检察文化理论研究搭建的一个十分广阔的平台，这个平台具有极大的开放性和包容性。我们热切期待热心于检察文化理论研究的各界专家、学者和从事检察工作的同仁们携手共建这个平台、发展这个平台，推动检察文化事业深入发展，为建设社会主义文化强国和法治国家，实现“两个一百年”的奋斗目标和中华民族伟大复兴的中国梦而努力奋斗！

《中国检察文化理论研究文库》编委会

2017 年 9 月

目　录

第一章　当代中国检察文化建设途径概述

第一节　当代中国检察文化建设途径的基本概念

一、当代中国检察文化建设途径的概念及特征

当代中国检察文化建设途径，是指根据我国现阶段检察文化的状况，检察机关开展检察文化建设应当采取的基本方式和手段。检察文化建设途径离不开对检察文化内涵的理解。关于检察文化的内涵，目前存在不同的理解，有人认为，检察文化是检察官在行使宪法和法律赋予的职权的过程中形成的价值观念、思维模式、道德准则、精神风范等一系列抽象的精神成果。[①] 也有人认为，检察文化是指在一定国体和司法体制下，检察制度、检察实践活动及其成果的总称。[②] 还有人认为，检察文化是检察机关和检察人员在履行法律监督职责中形成的价值观念、思维模式、行为准则以及与之相关联的物质表现的总和。中国检察文化是具有中国特色的检察文化，是中国检察机关和全体检察人员在长期的工作、生活及其他社会实践中所创造的物质财富和精神财富的体现，是以强化法律监督、维护公平正义为核心的检察精神文明、制度文明、物质文明的总和，是人民检察官群体通向守卫社会正义基本价值取向的重要路径。[③]

---

① 参见刘佑生：《在竞争中发展检察文化》，载刘佑生、严正华、王松苗主编：《基层建设与检察文化》，中国检察出版社 2005 年版，第 355 页。

② 参见赵志建：《检察文化的概念需要科学界定》，载《检察风云》2005 年第 20 期。

③ 参见张国臣：《关于检察文化建设若干问题的思考》，载正义网，2010 年 10 月 31 日。

上述各种关于检察文化的概念，都有一定的合理性，也存在某些不足。有的将检察文化的主体只限于检察官，忽视了其他检察人员，也将检察机关排除在外，因而是不全面的；有的将检察文化只限于检察制度和检察实践活动的成果，没有包括检察队伍建设、检察公信力建设方面的内容，也是不全面的；有的将检察文化界定为价值观念、思维模式和行为准则等，其范围较为宽泛，没有体现出检察文化的自身特性，因而也是不合适的。我们认为，检察文化是检察机关和检察人员在检察工作中创造、发展和积累的，体现检察职业特征的检察观念、检察伦理和检察形象等精神成果。[①]

根据检察文化的基本概念，我们认为，当代中国检察文化建设途径就是促进检察文化各项内涵不断发展的基本路径和方法，其具有以下三方面的特征：一是主体的多元性。即进行检察文化建设的主体是多元的，既包括检察机关，也包括检察官，还包括其他检察人员，这些主体都可以通过不同的途径进行检察文化建设，为检察文化的繁荣发展作出自己的贡献。二是建设的内容具有多样性。即进行检察文化建设的内容是丰富多样的，既包括对检察伦理的建设、检察观念的建设，也包括检察制度建设、检察形象建设，还包括检察器物建设等。三是建设途径具有多样性。即针对检察文化的不同内容，可以采取不同的建设方式，比如对于检察精神文化，可以采取教育宣传等建设方式；对于检察物质文化，可以采取构建物质实体等建设方式。

二、当代中国检察文化建设途径的基本内容

根据检察文化的基本概念，我们认为，检察文化包括检察精神文化和检察物质文化两方面的内容。其中，检察精神文化又包括检察伦理文化、检察观念文化、检察制度文化等，检察物质文化又包括检察形象文化、检察器物文化等。因此，当代中国检察文化建设途径的基本内容主要包括：检察伦理建设、检察观念建设、检察制度建设、检察形象建设和检察器物建设等五个方面。

---

① 参见张耕主编：《检察文化初论》，中国检察出版社2014年版，第10页。

检察伦理建设，主要是指检察人员职业道德建设，检察人员作为一个职业群体，应当秉持一定的职业伦理。检察伦理对检察人员的行为能起到潜移默化的作用，是检察人员自律的内在动力。

检察观念建设，主要是指检察人员在履职时坚守的信念和采取的态度。检察人员责任重大，在其行使检察权时，一要做到不偏不倚、公正公平。检察人员必须始终牢记自己是国家利益的代表者，是为全体人民服务的，要站在不偏不倚的立场上，按照公正公平的要求，自始至终公正诚实地履行自己的职务。二要有正确的判断力。检察人员要按照法律和良知行使检察权，以保证检察工作获得人民群众的认可和满意。三要运用好刑事政策，以保证检察工作取得良好的社会效果和政治效果。

检察形象建设，主要是指检察人员这一群体通过履行检察职能给社会留下的群体印象，包括检察人员的职业追求、职业素质、职业待遇等。

检察制度建设，主要是指保障检察权运行的制度安排，检察制度是检察文化建设的抓手和落脚点。检察文化建设主要通过制度建设体现出来，包括和检察权相关的法律制定和完善，管理制度的制定和完善等。

检察器物，是指专属于检察机关和检察人员、具有专门检察含义的器物，代表着检察人员的身份和检察职能。检察器物的建设，是指通过设计、制作、佩戴、悬挂能体现检察特色的器物代表检察人员和检察机关。检察器物建设主要包括建筑物、检察公务车辆、检察制服和检察徽章等方面。一是检察机关建筑物的设计应包含检察因素。包括统一检察机关建筑风格，在检察机关建筑物上统一悬挂检察徽标，在建筑物前统一树立检察象征雕像三种类型。例如，有一些西方国家它们的法院都是由高大廊柱和浮雕组成，而英国的法院就有司法女神的形象，司法女神蒙着眼睛这意味着法律面前人人平等，一手拿着天平意味着法律公平公正。[①] 检察机关也应当设计出统一的、醒目

① 张建伟：2010 年 10 月 30 日在“全国检察文化暨法制文化理论研讨会”上的发言。

的、能代表检察机关的建筑物象征符号。检察机关在建筑物上悬挂国徽，只表明了检察机关是国家机关，并没有表明检察的特别含义。因此可以通过悬挂检徽来表明检察机关的职能，或在检察机关建筑前树立统一的检察象征雕像。二是检察制服的设计应当体现检察特色。在法国，检察官、法官和律师都有专用的法袍。而且检察官制服还有出庭法袍和外行法袍之区分。[①] 我们认为，检察制服的设计，应当体现出明显的检察特征，使相关人员一眼就能区分开检察人员和其他相对关系人员的区别。中国当代检察制服已由军事化色彩明显的军装换成了具有文职人员特色的西装。在军事化色彩弱化了的同时，检察特色并没有得到应有的强化。

三、当代中国检察文化建设的基本特征

从文化的角度看，虽然检察文化作为我国大文化的一部分，其出现较早，但从研究的角度看，我国检察文化的研究和建设较晚，其许多内容还处在探索阶段。由此可见，当代中国检察文化建设具有初级阶段、渐进发展的基本特征。

（一）当代中国检察文化处于初级阶段

从文化发展的过程看，任何一种文化一般都要经历两个发展阶段，即初级阶段（文化形成阶段）和高级阶段（文化成熟稳定发展阶段）。从总体上看，我国的检察文化建设仍处于初级阶段，即检察文化正在形成阶段，还未成熟稳定下来，其具体表现在以下几方面：

1. 检察文化建设的阶段同我国的社会主义法治建设阶段是紧密相连的，检察文化建设是社会主义法治文化建设的一部分，检察文化的建设脱离不了社会主义初级阶段的国情。当代中国检察文化建设处于初级阶段是一个客观的现实，并且还会较长时期处于初级阶段。

2. 检察伦理和检察观念不够强。检察伦理的形成需要一个长期的过程，并对检察人员这一主体有许多要求。当前，在主体方面，检

① マッサビヲ：《佛国検官必携》（第一帙上卷），黑川誠一郎、高木豊三訳，信山社出版，平成十四年12月15日復刻版第1刷，第63頁。

察人员所受的法学教育仍不统一，我国检察人员的教育程度参差不齐。就是检察机关招录的检察人员中，接受过正规大学法律教育的人员也存在不足。很多检察人员都是边工作边学习法律知识，提高法律素养的。检察队伍中，有很大一批军转干部，几乎完全是靠着坚强的毅力在进入检察机关后开始学习法律知识的。作为一个稳定的职业群体，法律职业工作者应该有整齐划一的法学教育背景，接受基本相同的法律专门教育，以便形成法律职业共同体所需要的基本法律素养。我国实际情况为，相当大比例的检察机关工作人员没有接受过全日制大学法律本科及以上的教育。检察机关真正大批量招录受过正规大学法律教育的人才是从 20 世纪 90 年代中期开始的，要实现人才的更替，尚需时日。如果考虑到我国社会经济发展的不平衡性，则需要的时间更长。这直接导致检察人员伦理建设和检察观念建设需要一个相当长的时期。

3. 检察组织管理模式粗放。我国目前尚未严格实行分类管理，办案责任不明确，错案追究机制难以落实。检察人员作为公务员的特殊性并未被管理层认可，几十年来一直按照普通公务员管理，其职业特性在管理方面未体现出来。因此，导致检察机关中产生一些问题：一是办案检察人员没有身份上的优越感。二是内部层层审批制度导致办案检察官精神上不独立。三是没有形成定期培训和晋升的工作机制。

4. 检察形象不明显。一是检察机关工作人员尚未彻底分类管理，检察官形象不清晰。推行检察机关工作人员分类管理，把检察机关工作人员根据工作内容和性质分为检察官、检察事务官和司法警察，并合理定位；只有检察官才能行使检察权，检察官也都有能力履行检察权，彻底改革不行使检察权的检察官的怪象。二是检察官职业角色定位不明确。只有将检察官的职业角色定位准确，才能有针对性地进行职业角色建设，才能将检察机关和法院、公安机关的职能形象清楚地区分开来。根据我国法律规定的检察机关的职能，检察官可以定位为国家公诉人、职务犯罪侦查员以及法律监督者等三种职业角色。这三种职业角色，都是检察官独特的职业角色。三是在检察人员的行为模式上，检察行为尚不规范。由于上述一点的原因，导致各检察人员的能力相去甚远，从总体上看，越是到基层和边远地区，检察人员所受的法律教育年限越短，办案能力相对越弱。全国检察机关检察人员的办案能力参差不齐，行为模式还做不到整齐划一和规范，司法文书的样式也未做到完全统一，离规范执法的目标还很远。

5. 检察器物仍未定型。检察器物是检察机关和检察人员的标识，由于新中国成立时间尚短，检察器物尚未定着下来。以检察制服为例，1984 年之前没有统一制服，1984 年至 2000 年为军事化制服，2000 年之后改为西装式制服。笔者认为，军事化制服虽被批评，但属于有些特色的服装，威严是其标签。就制服的功能性要求来讲，首要的是区分功能，在法庭上通过制服的不同应能轻易地将法官、检察官、律师区分出来；其次是威严，诸多国家以黑色为底色，用其严肃。还有检徽，先后经历了无检徽——金双剑检徽——国徽代替——现行检徽几个阶段。在笔者看来，检察机关就应该像剑一样凌厉的处理和防范各种暴力犯罪和腐败，金双剑检徽很有特色，符合检察职业的特征。不应当因为有人说其代表残暴和血腥就放弃，应坚持自己的职业精神。另外，在我国，尚未出现具有专门检察含义的代表器物。我国上古时代的独角兽、西方近现代的正义女神均代表着公正审判，是审判机关的标识，我国也应设计出专门代表检察含义的器物。

6. 检察文化的基本理论问题尚处在探索之中。2011 年 2 月，最高人民检察院政治部宣传部课题组完成的《关于进一步加强检察文化建设的调研报告》中指出，要重点围绕检察文化的基本内涵、基本范畴、基本特征、基本规律等加强研究，进一步科学回答“什么是检察文化”、“为什么开展检察文化建设”、“怎么开展检察文化建设”等重要命题，逐步形成中国特色社会主义检察文化理论体系，为推动检察文化建设由自发到自觉提供科学指导。这说明，现阶段关于检察文化的一系列基本理论问题还没有达成共识，检察文化建设还处在探索阶段。2013 年 12 月，曹建明检察长在《检察文化初论》一书的序言中提出：要进一步加强对检察文化的核心价值、基本要求、功能作用、发展规律、历史渊源等根本性问题的理论研究，探索构建中国特色社会主义检察文化体系，为检察文化发展繁荣提供科学指导和理论支撑。这说明，目前关于检察文化建设的一系列基本理论问题的研究仍处在探索阶段，需要进一步思考、归纳和总结。

（二）当代中国检察文化建设具有渐进性

经济基础决定上层建筑。社会主义的经济体制决定了中国特色社会主义检察文化的性质和先进性。同时，检察文化建设又具有相对独立性，能够能动地反作用于经济基础。检察文化既可以在基础设施较差的基础上建立起先进的检察文化，也可以在基础设施丰富的基础上建立起先进的检察文化。检察文化同检察机关的基础设施建设并不成正比关系，只是较好的基础设施为检察文化建设提供了一些更为便利的条件。我国的国情是：在中西部部分地区，基础设施还很不完善，可以将先进的检察文化建设同基础设施建设同时进行，但检察机关的基础设施建设并不等同于检察文化建设。但是，检察文化建设具有渐进性，其具体表现在以下几方面：

1. 检察文化建设同基础设施建设同步进行。在现阶段，很多检察机关的基础设施建设还不完善，尤其是经济欠发达地区。检察机关规范“两房”建设，建设规范标准的审讯室，可以保障审讯录音录像同步进行，保障人权；建立设施完备的接待室、监控室、讯问室、询问室等可以实现规范化办案。购置办公车辆，可以缩短办案期限，提高办案效率。美化办公环境，可以为干警创造一个充满人文关怀、独具文化韵味、极富个性色彩的工作环境。检察机关建设分为检察机关的基础设施建设、机关文化建设和检察文化建设三个方面。检察文化建设，同检察机关基础设施、检察机关文化建设互相交织在一起。在检察机关基础设施建设中，大部分的建设行为都不属于检察文化建设，如新建、改建和美化机关办公设施、自然环境等；只有很小的一部分包含在检察文化领域，即和检察权职能行使相关联的，为检察机关或者检察人员专有专用，且具有检察含义的器物。在检察机关文化建设中，像登山、摄影等文体活动等不属于检察文化建设，只有反映检察人员行使检察权的精神产物才属于检察文化。

2. 检察文化建设同机关文化建设同步进行。现阶段检察机关文化建设是十分有必要的：一是检察机关作为一个组织、集体，为保持检察机关正常运转必须实施相应的组织、管理等工作，如制定制度，要求员工爱岗敬业、积极向上、勤奋工作，团结同事，尊重他人等。检察机关组织一些有利于丰富干警的业余生活的文体活动，培养干警的高尚情趣也是有必要的。二是检察机关作为一个组织、集体，各检察机关可以根据各地的实际情况，结合地域文化，提出各自独特的机关文化，如“昆检精神”、“铁人精神”、“龙马精神”、“和谐文化”等，以及在干警过生日时送上祝福等人文关怀也是必要的。三是公务员职业道德建设的必要性。行使检察权的检察人员是国家公务员，廉洁奉公、为人民服务是国家和人民群众对所有公务员的行为操守要求，检察机关工作人员当然应当遵守国家对公务员的操行要求。当前，部分检察机关工作人员还不能自觉、完全抵挡贪腐欲望的侵蚀，所以有必要进行廉政建设。检察文化建设在于塑造符合检察职业精神的检察人员，要求更高的职业精神和职业伦理。比如，培养检察人员统一、规范的司法行为，追求公平正义的职业理念，法律监督的职业思维，忠于法律的职业操守等。

3. 检察文化自身建设要持续进行。不管检察机关的基础设施好坏，检察文化都要持续进行。在建设中要避免两种倾向：一是因为基础设施简陋而放松或者降低对检察文化建设的要求和标准，将基础设施建设等同于检察文化建设；二是认为基础设施好就是检察文化先进，因为基础实施好而放松检察文化建设。因此，检察文化建设是一项长期而艰巨的任务，必须常抓不懈。

第二节　当代中国检察文化建设的阶段

从历史发展来看，虽然检察文化的研究和建设起步较晚，但也经历了开端、促进和发展三个阶段。

一、当代中国检察文化建设的开端（2002—2009 年）

当代检察文化建设的开端在于检察文化、检察文化建设等一些概念的提出，各地检察机关开始重视检察文化研究和建设，出现了一些研究成果等。

（一）“检察文化”概念的提出

2002年3月，最高人民检察院颁布《人民检察院基层建设纲要》，明确提出：加强检察职业道德建设，大力繁荣检察文化。重视检察文化建设，鼓励干警开展业余创作，培养检察文化人才，组织开展文体活动，丰富干警业余文化生活。积极参与群众性精神文明创建活动，力争走在当地前列。2009年2月，最高人民检察院出台《2009—2012年基层人民检察院建设规划》，提出加强检察宣传和文化建设。提出大力弘扬社会主义核心价值体系，建设检察职业文化，培育检察职业精神，提高检察职业道德水准，坚守检察职业信仰。开展创建学习型检察院活动，建立完善检察文化设施和场所，开展形式多样的群众性文化活动，营造文化建设的良好氛围。

这是正式文件最早出现“检察文化”这一概念，之后，检察文化建设作为一种管理理念和规范化建设的重要载体，在各级检察机关被倡导和推进。但是，从有关文件的内容上看，这时对检察文化还处在初步认识阶段：一是尚未认识到检察职业道德属于检察文化的范畴，所以将检察职业道德和检察文化并列；二是此时对繁荣检察文化的认识，还处于鼓励干警业余创作，组织开展文体活动，丰富干警业余文化生活等属于机关文化建设的层次上，目的是建设一个工作氛围健康、团结、向上的检察机关。

（二）检察机关进行检察文化建设实践

为贯彻落实高检院的要求，各地检察机关开始进行检察文化建设的实践活动。例如，2003年广东省人民检察院在全省范围内提出建设检察文化，制定《关于加强检察文化建设的意见》，要求该省各级检察机关从检察物质文化、观念文化、行为文化、管理文化和精神文化建设等诸方面入手，发挥检察文化的引导作用，从思想、精神、智力三方面促进检察事业的发展。[①] 山东省乳山市人民检察院是较早探索检察文化建设的地方检察院。该院把“快乐地从事检察工作”

---

① 《广东：召开专门会议部署检察文化工作》，载《检察日报》2007年6月28日。

作为“文化育检”的核心，最大限度地激活每位干警的创造力，探索通过建设“机关文化”创新检察工作，被最高人民检察院誉为“乳山模式”。[①] 2004 年初秋，检察日报社在乳山市举办“全国检察文化论坛”，对检察文化建设中遇到的问题进行了深入研讨和交流。[②]

2007 年广东省人民检察院制定的《关于加强检察文化建设的决定》提出，要在更高的起点上进一步加强检察文化建设，继续探索加强检察文化建设的有效途径，营造创建社会主义先进检察文化的良好氛围。2007 年 6 月，广东省人民检察院检察长张学军提出，要从战略的高度认识检察文化的重要性和必要性，打造融职业特征、地域特色和时代要求为一体的广东检察文化，使之成为检察事业全面、持续、协调发展的重要力量。高检院政治部副主任王洪祥同时透露，为推进全国检察文化建设，高检院政治部正在调研、研讨和起草《全国检察机关文化工作意见》；全国检察机关“检察文化建设年度巡礼”将在今年开展；为期一年的《检察官之歌》征集活动也将于近日揭晓，入选歌曲将在全国检察系统推广。[③]

2007 年 9 月 12 日，最高人民检察院主办、江西省人民检察院承办的人民检察博物馆在国家检察官学院井冈山分院落成。人民检察博物馆通过翔实、准确的史料，系统地展现了人民检察 80 年的风雨历程，证明了我国人民检察制度的优越性、内在合理性和历史必然性。人民检察博物馆是传承检察文化、弘扬检察精神、缅怀先辈功绩、教育检察后人的场所，是滋养检察官心灵的精神家园。

2007 年 11 月 27 日，最高人民检察院在广州举办全国检察机关文化建设巡礼，这是检察机关恢复重建 30 年来首次组织这样大规模的文化建设巡礼活动。这次巡礼活动，在回顾与展示过去五年来检察文化工作的成绩的同时，也廓清了以往实践中的一些模糊认识，对其

---

① 《山东省乳山市检察院探索“文化育检”的纪实》，载新华网，2004 年 11 月 25 日。

② 《检察文化：检察官的精神名片》，载《检察日报》2010 年 7 月 16 日。

③ 《广东：召开专门会议部署检察文化工作》，载《检察日报》2007 年 6 月 28 日。

后一个时期的检察文化建设作出了部署。[①] 最高人民检察院原副检察长张耕指出，检察文化是中国特色社会主义先进文化的组成部分，是检察机关在履行法律监督职能过程中衍生的法律文化，伴随中国特色社会主义检察事业的发展而不断丰富完善。检察文化建设涵盖检察思想政治建设、执法理念建设、行为规范建设、职业道德建设、职业形象建设等，是一项宏大的系统工程，需要我们深入研究，精心实践，大力推进。检察文化的繁荣和发展对于推动检察事业的创新发展具有十分重要的意义。他强调，根据党的十七大的要求，结合检察机关实际，当前和今后一个时期检察文化建设的总体目标和任务是：高举中国特色社会主义伟大旗帜，深入贯彻落实科学发展观，紧紧围绕“强化法律监督，维护公平正义”的工作主题和“加大工作力度，提高执法水平和办案质量”的总体要求，以社会主义核心价值体系为指导，以牢固树立社会主义法治理念为核心，以提升检察队伍政治素质、业务素质和职业道德素质、塑造检察官职业形象为目标，以形式多样、内涵丰富的主题教育和丰富多彩的文化活动为载体，坚持以人为本，紧密结合检察工作实际，深入开展检察文化建设，为推动中国特色社会主义检察事业创新发展提供有力的思想保证和精神动力。张耕指出，切实加强检察文化建设，要从五个方面着手：一是加强理想信念教育、巩固检察队伍共同的思想基础；二是建立社会主义法治理念经常性教育机制，树立科学执法理念；三是强化检察职业道德和纪律作风教育，塑造检察机关、检察队伍良好形象；四是弘扬和谐文化、扎实推进和谐检察机关建设；五是创新文化载体和机制，为检察文化建设注入生机和活力。各级检察机关要加强领导、加大投入、加强人才培养，为检察文化建设提供有力的组织保障和物质保障。[②]

2008 年年初，山东省人民检察院制定了《加强检察文化建设的意见》，组织人员到南方考察学习，确定了七个试点院，并举办了专

① 《检察文化：检察官的精神名片》，载《检察日报》2010 年 7 月 16 日。

② 参见张耕 2007 年 11 月 27 日在广州举办的“全国检察机关文化巡礼”活动上的讲话。

题研讨会，山东省的检察文化建设日益走上自觉。①

通过几年的研究、交流，检察文化从早期的被等同于检察机关业余文化活动，逐渐发展为一种先进的检察管理理念和方式，从单纯的机关文化活动转而渗透到检察机关的全面建设，并与不同时期检察工作主题紧密结合起来，极大地焕发了检察文化的生命力。全国性检察文化基地创设和发展有力地推动了检察文化建设的发展。

（三）检察文化研究取得了初步成果

在检察文化开端阶段，虽然是对检察文化开始认识和研究，但也取得了一些初步研究成果。例如，北京市人民检察院徐苏林博士2005年撰写的博士学位论文《当代中国检察文化论要》、2008年在《北京政法职业学院学报》上发表的《检察文化的界定、结构与功能》两篇文章，对检察文化的含义、结构和功能进行了系统的论述，达到了一个较高的理论水平，是这一时期的代表。

关于检察文化的含义，他提出：检察文化是法律文化的一种，是一个在社会中存在的，与检察法律相关的价值观念、规范制度、程序规则和行为方式的总和。其含义有四：（1）检察文化是法律文化的组成部分。检察制度、检察工作制度、检察官制度等相关法律、法规、工作制度构成检察文化的外延，即检察文化的第一表层，在这一表层下，存在其固有的特征和动机根源：传统、观念、立场、政治关系。而检察法律思想、检察法律规范、检察法律设置及检察法律方法论等，则是构成所有检察文化不可或缺的要素。（2）检察文化是以检察制度为核心的文化。在一定意义上可以说，检察文化是检察权运作制度的总和。它构成检察文化的本质内核，是区别于法院文化、警官文化、律师文化的最重要的内容。由此可以派生出检察组织文化（检察院文化、检察机关文化）、职业文化（检察官文化）等亚检察文化。（3）检察文化是一个历史范畴。检察权制度的出现、发展，以及未来的消亡，说明了检察文化的历史延续和继承特征。（4）检

① 卢金增：《山东省检察文化建设的调查与思考》，转引自正义网，2011年3月12日。

察文化具有丰富的内涵。检察文化既包括上面提及的检察权制度文化，又包括全体检察官在长期的工作、生活及其他社会实践中所创造的物质文化和精神文化。具体而言，包括检察物质文化、检察行为文化、检察观念文化、检察管理文化、检察制度文化和检察精神文化等。

在检察文化的结构上，他认为，检察文化由表层的物质文化、中层的制度文化和深层的认知（精神、理念）文化组成。（1）检察物质文化。主要包括为行使检察权相关的一切物质形态，如办公大楼、车辆、办公用品、检察官制服、检徽等。这些物质文化都带有与检察权、检察官密切联系的标志性符号。（2）检察制度文化。主要包括与检察权行使相关联的制度，如检察法律制度、检察官选拔制度等，其中检察制度是核心。它是国家检察机关的性质任务、组织体系、活动原则和工作制度的总称。（3）检察认知（精神、理念）文化。主要包括对检察权的行使、检察官行为的价值要求等。其中，最核心的是检察官所应秉持的公正、公平、公开、统一、文明的现代法治理念。

此外，2009 年，中国政法大学人文学院教授、博士生导师刘斌在《人民检察》上发表的《检察文化概论》一文，提出了检察文化的六大范畴。他认为，检察文化是指融注在检察人心底的法治意识、法治原则、法治精神及其价值追求，是检察机关的组织、制度、设施所具有的文化内涵，是检察人在工作和日常生活中的行为方式，是有关检察的法律语言、法治文学艺术作品和法律文书中所反映和体现的法治内涵及其精神。检察文化的范畴主要包括检察理念文化、检察组织文化、检察制度文化、检察设施文化（物质）、检察行为文化和有关检察的法律语言与文本文化六个方面。

二、当代中国检察文化建设的促进阶段（2010—2012 年）

2010 年 12 月 1 日，最高人民检察院制定的《关于加强检察文化建设的意见》（以下简称为《意见》）指出，检察文化是检察机关在长期法律监督实践和管理活动中逐步形成的与中国特色社会主义检察制度相关的思想观念、职业精神、道德规范、行为方式以及相关载体和物质表现的总和，是社会主义先进文化的重要组成部分，是检察事业不断发展的重要力量源泉。为认真贯彻落实中央关于加强社会主义先进文化建设的要求，最高人民检察院从六个方面提出了加强检察文化建设的意见。2011 年 6 月 22 日，中国检察官文化艺术联合会（以下简称检察官文联）正式成立，标志着我国检察文化建设事业的一支新生力量横空出世。检察文化理论研究是检察官文联的重要业务工作，是根本，具有指导性和导向性，为检察文化艺术创作和检察文化艺术活动提供理论支撑。《意见》的出台和检察官文联的成立，促进了我国检察文化的建设，这标志着我国检察文化建设进入了一个新阶段。

（一）《意见》的主要内容

1. 充分认识加强检察文化建设的重要意义。首先要认识到加强检察文化建设是服务社会主义文化大发展、大繁荣的客观需要。党的十七大明确提出，要“坚持社会主义先进文化前进方向，兴起社会主义文化建设新高潮，激发全民族文化的创造活力，提高国家文化软实力”。党的十七届五中全会强调，文化是一个民族的精神和灵魂，是国家发展和民族振兴的强大力量。并对进一步推动文化大发展大繁荣、提升国家文化软实力提出明确要求。检察机关作为国家法律监督机关，在推动经济社会发展和文化繁荣方面肩负着重要职责。各级检察机关要从讲政治、讲大局的战略高度，加强检察文化建设，为推动社会主义文化大发展、大繁荣作出积极贡献。其次要认识到加强检察文化建设是推动检察工作和检察队伍建设科学发展的内在要求。检察文化建设涵盖检察思想政治建设、执法理念建设、行为规范建设、职业道德建设、职业形象建设等方面，是一项宏大的系统工程。实践证明，检察文化具有独特的教育、引导、规范、凝聚、激励等功能，加强检察文化建设，对于提升检察人员的综合素质，促进各项业务工作健康发展具有基础性、长期性推动作用。各级检察机关要高度重视，从检察事业发展的本质要求出发，准确把握检察文化建设的规律和特点，以改革创新的精神，认真研究检察文化建设的新思路、新举措、新办法，推动检察工作和队伍建设的科学发展。

2. 准确把握检察文化建设的指导思想、总体目标和基本原则。《意见》提出了检察文化建设的指导思想是：高举中国特色社会主义伟大旗帜，深入贯彻落实科学发展观，坚持党的事业至上、人民利益至上、宪法法律至上，以社会主义核心价值体系为指导，以牢固树立社会主义法治理念为根本，着眼于培育检察精神、提升职业素养、规范执法行为、塑造良好形象、陶冶高尚情操，以群众性文化活动为载体，以改革创新为动力，坚持以人为本，紧贴检察工作和队伍建设实际，求真务实，勇于开拓，大力加强检察文化建设，逐步探索建立起中国特色社会主义检察文化理论体系，为推动中国特色社会主义检察事业科学发展提供精神动力、舆论支持、文化保障。《意见》确立了检察文化建设的总体目标是：对检察文化建设重要性认识更加深刻，检察文化建设工作思路更加清晰，活动载体更加丰富，基础设施更加齐备，工作机制更加健全；通过加强检察文化建设，检察人员职业信仰进一步坚定，检察职业精神进一步弘扬，检察职业素质进一步提高，检察职业行为进一步规范，检察职业形象进一步提升；中国特色社会主义检察文化理论体系逐步确立，为推进检察文化建设提供有力的理论支撑；在围绕中心、服务大局方面成效明显，为推动社会主义文化大发展、大繁荣，促进各项检察工作健康发展发挥积极作用。《意见》确定了检察文化建设的基本原则：坚持服务检察中心工作，切实把文化建设融入检察工作各个方面，提升检察队伍整体素质，促进检察事业科学发展；坚持以人为本，突出检察官的主体地位，贴近检察人员思想、工作和生活实际，促进人的全面发展；坚持突出基层文化建设，尊重基层的首创精神，充分发挥基层文化建设的主观能动性和创造性；坚持因地制宜，全员参与，依托当地文化、历史等资源，开展独具特色的文化活动；坚持继承创新，大力弘扬中华民族优秀传统文化，借鉴其他行业先进文化，借鉴国外法治文化的先进成果，不断创新工作思路、载体、机制，提高检察文化建设的科学化水平。

3. 牢牢把握检察文化建设的正确方向和核心。一是深入学习实践社会主义核心价值体系。社会主义核心价值体系是社会主义文化建设的根本，是检察文化建设的基本遵循和行动指南。要把社会主义核心价值体系融入检察文化建设的全过程，坚持用马克思主义中国化最新成果武装头脑，用中国特色社会主义共同理想凝聚力量，用以爱国主义为核心的民族精神和以改革创新为核心的时代精神鼓舞斗志，用社会主义荣辱观引领风尚，真正使马克思主义价值观成为检察人员的主导意识和精神支柱，巩固检察人员共同奋斗的思想基础。二是深化社会主义法治理念教育。社会主义法治理念是社会主义核心价值体系在法治建设中的具体体现，是检察工作的指导思想。要把牢固树立和自觉践行社会主义法治理念作为重要任务，不断深化社会主义法治理念理论研究，进一步建立健全社会主义法治理念经常性教育长效机制、“以案析理”活动机制、巡回宣讲机制、考核激励机制等，抓好各项制度落实，真正使社会主义法治理念在检察人员中内化于心、外践于行。三是大力弘扬和培育检察职业精神。检察职业精神以忠诚为基石，以为民为宗旨，以公正为核心，以服务大局为使命，以清廉为操守，是检察文化的精髓和灵魂，是检察文化建设的核心。要结合检察工作的生动实践，加强对检察职业精神的研究，深刻阐述检察职业精神的科学内涵、重要意义和实践要求，不断总结提炼富有时代气息、具有检察特点、社会普遍认同的检察职业精神。要将检察职业精神纳入检察人员教育培训的内容体系，确保检察职业精神进教材、进课堂，入心入脑。

4. 始终坚持突出检察文化建设的重点。一是加强职业道德建设。要认真贯彻实施《检察官职业道德基本准则（试行）》，以深化“恪守检察职业道德、促进公正廉洁执法”主题实践活动为抓手，以推广实施检察官宣誓制度为载体，大力加强职业道德建设，建立健全教育、宣传、自律、监督、考核并重的职业道德建设机制。坚持典型引路，深入开展创先争优活动，大力宣传恪守检察职业道德、公正廉洁执法的检察官先进典型。二是加强法律监督能力建设。要坚持以队伍专业化推动能力建设，深入推进大规模教育培训，有针对性地加强专门培训和实践锻炼。认真贯彻落实全国人才会议精神，切实加强检察业务专家、业务尖子、办案能手和高层次法律人才培养。广泛开展“建设学习型党组织、创建学习型检察院”活动，大兴学习之风，建立长效学习机制，积极营造浓厚的学习氛围，引导广大检察人员树立终身学习理念，不断更新知识结构，提高法律监督能力和执法办案水平。三是加强执法规范化建设。要抓好《检察职业行为基本规范（试行）》、《检察机关文明用语规范》和《检察机关执法工作规范》的贯彻实施，注重规范检察执法行为，突出重点岗位和关键环节，把各种规范要求融入执法办案流程、岗位职责和办案质量标准之中，以信息化为手段，通过细化执法标准、严密执法程序、加强执法监督、完善执法考评，实现对执法办案的动态管理、实时监督和科学考评，促进公正规范执法。四是加强纪律作风和自身廉政建设。要坚持“从严治检”，不断深化“反特权思想、反霸道作风”专题教育活动，大力加强廉政文化建设。广泛开展岗位廉政教育、纪律作风教育等主题活动，筑牢检察人员拒腐防变、廉洁从检的思想防线。五是加强职业形象建设。要加强与中央和地方主流新闻媒体的密切联系，充分运用报纸、杂志、电视、广播特别是互联网等新闻传媒，通过合作设立专栏、制作专题节目等，搭建检察宣传平台，拓展宣传渠道，打造宣传品牌。建立和完善检察机关新闻发布制度，积极推行“检务公开”、“阳光检察”、“检察开放日”活动，不断提高检察工作的透明度，树立检察机关良好的执法形象。

5. 不断丰富检察文化建设的内容和载体。一是深化检察文化理论研究。要在实践的基础上，不断总结检察文化建设规律，加强对检察文化的基本内涵、基本范畴、基本特征以及检察文化建设与检察事业科学发展的关系等理论研究，逐步形成中国特色社会主义检察文化理论体系，为检察文化建设提供理论支撑和科学指导。二是开展各类文化活动。要广泛开展形式活泼、寓教于乐、深受检察人员喜闻乐见的经常性书画、摄影、文艺表演、球类、棋类等文化体育活动，培养检察人员良好的生活作风和健康的生活情趣。三是繁荣检察文艺创作。要加强与文化界等社会各界的沟通联系，鼓励检察文艺作品创作。适时邀请和组织检察文艺工作者、专业作家、文艺创作者深入基层、深入办案一线，体验生活，汲取养分，创作出主题鲜明、内涵深刻、表现形式新颖、感召力强的优秀检察文艺作品，弘扬主旋律，扩大检察机关的影响力和受众面。四是倡导和谐文化。要建立和落实领导干部联系检察人员、日常交流谈心等制度，畅通交流渠道，及时掌握检察人员的思想动态。坚持以人为本，制定科学合理的工作目标和考核标准，落实好检察人员休假、定期体检等各项规定，帮助解决工作和生活中遇到的实际困难，从多方面为检察人员鼓劲减压。注重人文关怀，加强检察人员的心理健康教育和疏导，积极营造和谐健康的人际关系和工作氛围。五是营造文化氛围。要加强检察机关办公场所法治文化建设，组织检察人员用身边人、身边事、自己的语言精心设计制作反映检察工作理念、廉政勤政要求的“文化橱窗”、“文化长廊”、“文化墙”。通过建立检察博物馆、荣誉室、院史室，编辑检察志等，展示检察文化的深厚底蕴和文化传承，激发检察人员的职业使命感、职业荣誉感和归属感。

6. 切实加强对检察文化建设的组织领导和机制建设。一是强化领导责任。要把检察文化建设纳入检察工作整体部署来思考和筹划，摆上重要议事日程，研究制定加强检察文化建设的具体规划和措施。要成立检察文化建设领导小组，明确专人负责，检察政工部门作为牵头部门和责任部门具体抓，相关部门协作抓，形成职责明晰、分工负责、齐抓共管的工作格局。二是发挥典型示范作用。上级检察院要加强对下指导，及时总结推广检察文化建设的好经验、好做法，树立榜样，以点带面推动检察文化建设。最高人民检察院将适时推出一批全国检察文化建设示范单位，充分发挥先进典型的示范作用。三是抓好文化建设队伍。要把政治思想坚定、组织协调能力强、具有开拓精神、懂检察业务、熟悉文化工作的优秀干部和文艺人才挑选到文化建设岗位。加强检察文化工作者专业化培训，不断提高做好文化工作的能力和水平。四是加大物质保障。要按照规模适当、庄重实用、布局规范、功能齐全的总体要求，在“两房”建设中，加强检察机关公用区域的文化设施建设。要把文化建设经费纳入年度预算，积极争取财政支持，确保逐步提高对文化建设的投入，为检察文化的繁荣发展提供有力的物质保障。

（二）《意见》和检察官文联的促进作用

最高人民检察院出台《关于加强检察文化建设的意见》、成立检察官文联，对检察文化建设具有极大的促进作用。

首先，《意见》和检察官文联是以最高人民检察院的名义制发和成立的，规格较高，具有很强的引领性。《意见》的出台直接推动了检察文化研究在全国的展开，各地检察机关按照高检院的要求，纷纷开展检察文化研究和建设活动。最高人民检察院也多次召开全国性的检察文化建设会议，推动全国检察机关重视检察文化的研究。同时，检察官文联的成立也促进了各地检察机关开展检察文化建设活动，出现了检察文化研究百花齐放、百家争鸣的局面。

其次，最高人民检察院就检察文化建设出台专门意见和成立检察官文联，具有重要的影响力。《意见》第一次明确概括了检察文化的概念，将检察文化放到社会主义先进文化的范畴内去研究，认识到了检察文化的功能，提出了推动检察文化发展的措施。同时，检察官文联的成立为检察文化建设提供了重要平台，成为全国性的检察文化研究基地，极大地促进了检察文化的研究。因为中国检察官文联是一个专门的检察理论研究组织机构，能够在全国范围内引导检察文化的研究。中国检察官文联成立后，陆续开展了多次检察文化理论研究研讨会，使检察官文联成为推动我国检察文化研究的重要组织机构。正是在《意见》和检察官文联的带动下，全国陆续出现了一大批专门研究中国检察文化的专著，推动检察文化向纵深发展。

最后，明确提出了检察文化建设的重点，为检察文化的发展指明了方向。《意见》指出，应从加强职业道德建设、加强法律监督能力建设、加强执法规范化建设、加强纪律作风和自身廉政建设、加强职业形象建设五个方面加强检察文化建设，从而为我国检察文化建设指明了方向。同时，检察官文联的成立也体现了最高人民检察院对检察文化建设的重视，标志着检察文化建设成为各级检察机关的一项重要工作，应当努力做好。

三、当代中国检察文化建设的发展阶段（2012 年至今）

在最高人民检察院出台《关于加强检察文化建设的意见》和成立检察官文联后，各地检察机关根据高检院的要求，积极开展检察文化研究和建设活动，使检察文化建设进入了一个新的发展阶段。

（一）中国检察官文联开展一系列活动

中国检察官文联成立后，先后举办了四届中国检察官文化论坛，分别以“廉政文化与廉洁从检”、“检察基层文化建设的理论与实践”、“全媒体时代职务犯罪惩治和预防文化研究”等为主题，面向全国进行征文，推进检察文化的理论研究，并于2014年组织相关专家编写出版了《检察文化初论》一书，该书是前一阶段检察文化研究的最新成果，达到了检察文化理论研究的一个新高度。同时，中国检察官文联还建立了课题制，将检察文化建设中的专门问题设定为课题，向全国进行投标，从中选择研究能力强的检察业务专家承担课题，从而极大地调动了全国检察机关和检察人员研究检察文化的积极性，促进了检察文化建设的发展。

（二）检察文化建设取得了一些研究成果

在最高人民检察院的引导和带动下，各地检察机关和检察人员积极投身于检察文化研究和建设活动，同时也调动了法学专家研究检察文化的积极性，出现了一些有价值的研究成果。例如湖北宜昌市人民检察院检察长孙光骏编著的《检察文化概论》，对检察文化概述（概念、渊源、内容、表现形式及功能）、检察文化内容（检察精神文化、检察制度文化、检察物质文化）、检察文化建设等问题，进行了论述。又如湖北省人民检察院原副检察长、湖北省检察官文学艺术联合会主席徐汉明等著的《当代中国检察文化研究》，对当代中国检察文化理论研究的背景及研究对象等、当代中国检察文化基础理论、当代中国检察文化建设的路径、当代中国检察文化建设面临的形势与任务、当代中国检察文化建设实践的重大问题、当代中国检察文化建设的实践模式以及当代中国检察文化产业开发等问题，进行了全面论述。再如最高人民检察院原副检察长、中国检察官文联主席张耕主编的《检察文化初论》，对检察文化的概念、检察文化的特征、检察文化的形成和发展、检察文化的基本内容、检察文化的载体、检察文化的基本功能、检察文化的传播、检察文化的比较和借鉴、检察文化的发展规律以及中国特色社会主义检察文化建设等问题，进行了深入研究。《检察文化初论》是中国检察官文联组织多名专家联袂撰写的检察文化理论著作，该书的出版代表了目前我国研究检察文化的最高理论水平。

（三）形成了检察文化的一些基本认识

通过现阶段的研究，虽然对检察文化建设的一些问题还存在不同的认识，但是对检察文化及其建设的某些问题也达成了一定的共识，形成了检察文化的一些基本认识。

1. 检察文化的本质是职业文化。职业文化是人类文化的一个子文化。顾名思义，职业文化是基于职业形成的一种文化。职业的概念有多种，一般认为，职业是劳动者在社会中所从事的作为谋生手段的工作；它是劳动者参与社会分工，用专业的技能和知识创造物质财富或者精神财富，获取合理报酬，丰富社会物质或精神生活的一项工作。从社会角度看，职业是劳动者获得社会角色，劳动者为社会承担一定的义务和责任，并获得相应的报酬；从国民经济活动所需要的人力资源角度来看，职业是指不同性质、不同内容、不同形式、不同操作的专门劳动岗位。换言之，职业就是特定群体从事的特定领域的工作，是社会分工的结果。[①]

职业文化是人们在长期职业活动中逐步形成的价值观念、思维方式、行为规范以及相应的习惯、气质、礼仪与风气。它的核心内容是对职业使命、职业荣誉感、职业心理、职业规范以及职业礼仪的自觉认同和自愿遵从。任何职业都是在一定的社会文化环境中形成和发展起来的，因而职业文化既受制于整个文化环境，同时也影响着其他文化生活。[②] 职业文化具有以下特征：（1）稳定性与动态性的统一。职业文化的形成是一个长期的过程，一旦形成将不会轻易改变。职业文化改变时，通常最容易改变的是外在符号要素——制度文化，然后是行为文化，最后才是内在的理念要素——精神文化。稳定性表明职业文化的形成不是一朝一夕之功，而是需要数年甚至更长时间。职业文化是历史的产物，就表明它具有时间性，也就是说在特定的历

① 参见张耕主编：《检察文化初论》，中国检察出版社 2014 年版，第 14 页。

② 参见王文兵、王维国：《论中国现代职业文化建设》，载《中共长春市委党校学报》2004 年第 4 期。

史时期和特定的地域，职业文化具有变化性，即能动性。（2）个异性与群体性的统一。职业文化的这种个异性是由不同职业的使命和社会责任不完全相同、出现和发展的过程不完全相同等因素决定的。职业文化的个异性是职业文化的生命力所在。这个个异性要求职业文化建设要从职业自身的历史和现实处罚，在遵循职业文化发展普遍性规律的基础上，要注重特殊性。职业文化是群体文化，表现为不同的职业群体意识，表现为维护职业群体利益及规范的文化制度，具有很强的集团性，因此，一个员工不能胡作非为，不能随心所欲的你想干什么就干什么，要受群体文化存在方式的约束。（3）有形性和无形性的统一。职业文化特别是理念层次的文化对员工的行为产生无形的、潜移默化的作用。在正常情况下，有时员工很难感受到自己所处的文化环境，往往只有环境发生了变化，才能比较明显地感受和体会到原来职业文化的环境。对制度文化来说，对员工的影响是非常明显的，只要制度作出改变，员工的工作和生活就会受到影响。（4）封闭性与开放性的统一。狭义的职业文化是集体文化或集团文化，较少与外界发生物态交流，互通有无。处于相对封闭的自然状态，不同团体之间职业文化具有相对的独立性，但是职业文化产生于一定的社会环境，而社会环境是变动的，职业文化一定会受到外界环境的影响。相对狭义的职业文化只有与时代发展保持平衡时，才能体现自己的价值，获得生存和发展的空间。（5）自觉性与强制性的统一。职业文化中的职业纪律也是一种行为规范，它是介于法律和道德之间的一种特殊的规范。它既要求人们能够自觉遵守，又带有一定的强制性。就前者而言，它具有道德色彩；就后者而言，又带有一定的法律的色彩。一方面，遵守纪律是一种美德；另一方面，遵守纪律又带有一定的强制性，具有法令的要求。因此，职业文化有时又以制度、章程、条例的形式表达，让从业人员认识到职业文化又具有纪律的规范性。[①] 检察文化是一种职业文化，也具有上述特征。

2. 检察文化建设是一个客观的、历史的进程。检察文化是客观

① 参见董显辉：《职业文化的内涵解读》，载《职教通讯》2011 年第 15 期。

性存在的。文化是一种意识形态，不管我们是否承认它的存在，不管是否提出了“检察文化”这个概念，它作为一种意识的存在是客观的。我们提出检察文化的概念，对检察文化进行研究，是为了更好地发展和建设检察文化，使检察文化建设由自发变为自觉，由感性变为理性。检察文化一旦形成，就会对检察文化主体产生反作用，这也是客观的，不以人的意志为转移。检察文化是一个历史范畴，[①] 对检察文化的研究，应当以历史的眼光进行研究。一个国家不同的历史阶段，因检察权的设置不同，检察文化也必然会不同。社会是不断发展变化的，法律也要随着社会的变化而变化；检察文化也会随着法律的改变而不断改变。所以，必须认识到检察文化也是不断发展变化的。同时，检察文化又具有相对稳定性，检察文化一旦形成，在某一个时期就是相对稳定的。

3. 检察文化具有空间限制。检察文化是有空间范围限定的，不同国家的检察文化是不同的。严格来说，检察文化应当以法域为单位进行研究。如果是单一法域国家，就以国家为单位进行研究；如果一个国家有多个法域，例如中国，有大陆、香港、澳门和台湾四个法域，就应该分为四个研究单位。因为法域不同，对检察机关和检察权的定位是不相同的，这必然导致检察文化的不同。

4. 检察文化具有能动性。检察文化具有能动性，建设检察文化，用先进的检察文化理念塑造检察文化；先进的检察文化形成后对检察工作具有反作用，能引领检察工作发展。检察文化是检察职能行使的一面镜子，检察人员如何行使检察权，就会产生相应的社会效果。由于我国实行的是检察机关独立行使检察权，所以，检察人员行使检察权最终转化为人民群众对检察机关的印象。具体来说，检察文化建设能够实现检察工作建设的自发转变为自觉。研究检察文化能够了解检察机关在人民群众中的形象，找到和法律规定的检察机关的理想形象之间的差距，通过能动的检察文化建设，不断缩小实然的检察机关形象和应然的检察机关形象之间的差距，能够在实践中自觉进

---

① 参见徐苏林：《检察文化的界定、结构与功能》，载《北京政法职业学院学报》2008 年第 1 期。

行检察文化建设。同时，积极健康的检察文化一旦形成，能够长期对检察工作起到促进作用。检察工作“一年发展靠领导，三年发展靠制度，十年发展靠文化”。[①] 这说明检察文化对检察工作的促进作用是长期的。此外，检察文化建设能够提高检察机关执法公信力。通过检察文化建设，检察人员在行使检察权时具有相同的执法理念、执法形式，就能够最大可能地实现“同种案件同等处理”的执法效果，提高检察机关执法公信力。

第三节　当代中国检察文化建设的具体模式

在检察文化建设探索过程中，全国各地检察机关从不同的层次、不同的角度进行了探索，形成了不同特点的检察文化建设模式。这里选取在检察文化建设不同阶段涌现出来的几个典型模式。

一、山东汶上模式：将儒家思想引入文化建设

近年来，山东济宁市检察机关大力加强文化建设，积极推进进化创新，初步构建起“融合儒家文化、践行法治理念、突出检察特色、反映和谐需求”的儒苑检魂文化品牌。全国、全省检察文化建设现场会相继在济宁召开，济宁市人民检察院被命名为全国检察文化节建设示范院，其中汶上县是济宁市的代表。

汶上县人民检察院为贯彻落实高检院、山东省院和济宁市人民检察院关于检察文化建设工作的精神，立足于当地丰厚文化资源，依托济宁市检察院文化建设的辐射，在文化建设上“求突破、抓亮点”，将中国传统文化中修身齐家治国平天下的“家国情怀”与检察精神、时代要求相契合，创新提出打造“检察家”：围绕建设“检察之家”，通过文化建设的新突破，弘扬“家的传统”；通过严格司法、规范执法，坚守“家的规矩”；通过强化教育培训、提高办案水平，增强“家的实力”；通过加强队伍建设，培养、树立先进典型，提升

---

① 参见最高人民检察院政治部编：《关于进一步加强检察文化建设的调研报告》，2011年6月，第38页。

“家的名气”。“检察之家”的建设起到了凝聚人心、提振士气、推进工作、积淀文化的作用。

二、湖北汉阳模式：树立检魂

湖北省武汉市汉阳区人民检察院作为全国十佳基层检察院，是“检察文化”的发源地之一，该院的检察文化真正做到了“文化育检，润物无声”。其检察文化建设彰显法治特色、检察特色、时代特色、地域特色，由虚到实，真正起到了以先进的文化理念引导人，以高尚的文化精神鼓舞人，以浓厚的文化氛围塑造人的作用。汉阳检察文化的特色体现在精神文化、制度文化、物质文化和行为文化四个方面。

（一）精神文化

坚持以社会主义核心价值体系、社会主义法治精神和“三个至上”思想为指导，牢牢把握“立检为公，执法为民”的宗旨，围绕“强化法律监督、维护公平正义”工作主题，系统构建检察人员的共同理想和精神支柱，大力弘扬检察职业精神，形成检察人员奋发向上的精神力量和团结一致的精神纽带。以此为基础，汉阳检察精神文化提出了属于自己的检察文化理念。

1. 六字理念。坚持严的法治理念，牢固树立理性、平和、文明、规范的司法观，更新司法理念，改进司法方式，规范司法行为，做到严肃公正，缜思慎行，秉公办案，司法如山；坚持爱的德治理念，做到忠于党、忠于国家、忠于人民、忠于宪法和法律，珍爱事业，厚德载物，无私奉献；坚持智的工作理念，牢固树立办案数量、质量、效率、效果、安全相统一的业绩观，做到智慧办案，智勇双全，敢于监督，多谋善断；坚持辨的思维理念，牢固树立统筹兼顾、全面协调可持续的发展观，做到辨法析理，察微析疑，明辨是非，维护正义；坚持水的管理理念，积极倡导和推进和谐检察，以攻坚克难、水滴石穿的勇气，锐意进取的精神推进社会矛盾化解、社会管理创新的工作机制，实现法律效果、政治效果和社会效果有机统一；坚持容的待人理念，洞察民情、知晓民意、关注民生、维护民权，做到宽容真诚，胸怀坦荡，唯理是循，热情服务。

2. 八字院训。认真践行“忠诚、公正、和谐、奋进”八字院训，切实做到忠诚——忠于党，忠于国家，忠于人民，忠于法律，忠于检察事业，恪尽职守，乐于奉献；公正——坚持法律面前人人平等，依法独立行使检察权，崇尚法治，客观公正，不偏不倚，不枉不纵；和谐——努力营造理性平和、积极向上、团结友爱的工作氛围，不断激发汉阳检察团队的凝聚力、向心力和战斗力；奋进——勤于学习、善于创造、甘于奉献，打造一流队伍，建立一流业绩，以有为争有位，高点定位，奋勇拼搏，不断推进检察工作创新发展。

3. 六心精神。大力弘扬向日葵的恒心精神——追求卓越，持之以恒，永不松懈；翠竹的虚心精神——高风亮节，低调谦逊，朴实无华；莲花的洁心精神——洁身自好，清正清廉；泥鳅的尽心精神——坚韧不拔，勇于进取，自我超越；红杉的同心精神——顾全大局，互帮互助，团结奋战；老黄牛的实心精神——恪尽职守，脚踏实地，埋头苦干。通过弘扬“六心”精神，树立六种正确的文化心态，始终保持昂扬向上的工作心态和精神面貌，发扬检察文化润物细无声的作用。

4. 学习理念。积极应用学习型组织理论，通过建立共同愿景、培育团队精神、改善心智模式、培养系统思考、努力自我超越，警惕“青蛙现象”——防微杜渐，强化危机意识；运用“木桶理论”——检视自我，强化全局意识；慎对“蝴蝶效应”——严谨细致，强化细节意识；重视“树根理论”——夯实基础，强化学习意识，引导检察人员快乐工作，快乐学习，开启智慧，挖掘潜能，形成学习的内驱力。

（二）制度文化

要主动应用现代管理理念和管理方法，建立健全制度完备、程序严密、标准具体、责任明确、考评科学、统一实用的制度体系，建立健全现代检务运作模式，加强检察执行力建设，通过向管理要素质、向管理要质量、向管理要效率，切实增强检察文化建设对于提高队伍战斗力、促进加大法律监督力度的实效。

1. 规范管理。从强化检察效能入手，建立健全业务工作运行机制、内外监督制约机制、检务管理机制、专业化管理机制、创新激励机制等，进一步规范工作流程，强化过程控制，引导检察人员树立“不让事情在我手中延误，不让工作在我手中断线，不让案件在我手中积压，不让差错在我手中发生”的意识，做到凡事有准则、凡事有章可循、凡事有人负责、凡事有人监督、凡事有案可查，切实用制度与机制来规范、激励、约束检察人员的行为，推动各项检察工作规范运行、有序开展。

2. 质量管理。坚持“法律监督有力度，公正执法树形象，以人为本强素质，从严治检创一流”的质量方针。进一步健全完善符合ISO质量管理要求的制度体系，积极应用《规范化管理系统》实行网上办案与监督，形成规范统一化、职责明确化、工作流程化、质量标准化、监督动态化的管理机制，不断提高办案效率，确保案件质量。坚持开展以案析理、案件评查、执法检查、案件回访等多种形式的质量检查活动，及时发现问题，认真解决问题，并依据考评结果兑现奖惩，强化执法责任。

3. 绩效管理。积极探索绩效管理，研发并应用绩效评估管理系统，以局域网为平台，将检察工作任务指标细化、量化，形成以工作数量为基础，以工作质量为核心的工作评价体系，通过“绩效计划、绩效实施、绩效考核、绩效反馈”的全面实施，对内设机构、检察人员业绩进行科学综合考评，努力实现检察机关人力资源的合理配置，促进检察工作持续健康协调发展。

4. 人本管理。积极探索人本管理模式，把“体现人的尊严，保护人的权利；塑造人的品格，启迪人的智慧；彰显人的价值，尊重人的情感；包容人的个性，提升人的素质”的理念融入检察工作之中，处处体现人文关怀，更好地激发检察人员的工作活力。实施人才兴检战略，制定本院人才发展规划，帮助干警设计职业生涯规划，正确评价和使用人才，完善人才培养、选拔、激励机制，搭建人才发展平台，做到人尽其才、才尽其用，为检察工作创新发展提供人才保障。

5. 检务督察。加强执行力建设，建立专门检务督察机构，积极开展“以纠正违法办案，保证案件质量为中心”的案件督察，“以司法作风、工作作风为主要内容”的检风检纪督察，“以上级和本院重大工作部署和决议、决定执行情况为主要内容”的决策督察，并将督察工作与绩效考核有机结合，不断强化检察人员的责任意识、质量意识、规范意识和效率意识，保障检令畅通、检纪严明、执法高效。

（三）物质文化

在努力争取上级和有关部门支持的基础上，进一步加强检察基础设施、技术设备、物质装备建设，健全司法保障机制，为检察人员履行法律监督职责提供良好的工作环境、条件和待遇。

1. 文化环境。进一步营造浓厚的检察文化氛围，通过文化壁画、文化雕塑、文化长廊、文化标识等活泼生动的文化设施，使无形的文化有形化、环境化，更好地展示检察文化丰富的内涵，彰显检察机关为民执法、严格执法、公正执法、文明执法、廉洁执法的价值追求，使检察人员在受到哲学、美学、文学熏陶和享受的同时，不断加深对文化理念精髓的理解和把握。

2. 工作环境。按照物要整洁、人要精神的要求，努力营造舒心雅致的办公环境，增强机关的亲和力；营造诚信友爱的人文环境，增强机关的向心力；营造团结平等的民主环境，增强机关的凝聚力；营造开拓进取的发展环境，增强机关的创造力，形成管理有序、和谐发展、创优争先的良好氛围，引领检察人员不断争创一流业绩。

3. 科技强检。充分发挥科学技术对于增强法律监督能力、扩大检察文化辐射力、提升检察人员素质的重要作用，立足于“强办案、强监督、强管理”，改善科技装备、提升科技含量、加强科技应用，深入探索检察业务、队伍、保障和信息化相结合的长效机制，促进提高工作效率、规范执法行为、保障公正执法、增强法律监督实效，并为弘扬检察文化、深化检务公开、促进公众参与提供优质平台。

（四）行为文化

注重职业道德培养与遵循，以职业礼仪和职业素养为内容，塑造

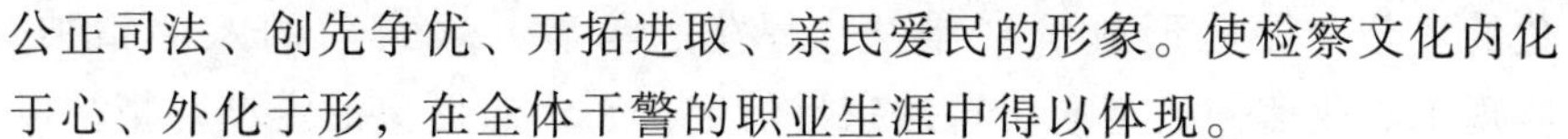

公正司法、创先争优、开拓进取、亲民爱民的形象。使检察文化内化于心、外化于形，在全体干警的职业生涯中得以体现。

1. 职业礼仪。汉阳市人民检察院为每位检察人员订制了《检察人员文明礼仪规范100条》便携手册，从司法礼仪、通讯礼仪、工作礼仪、驾驶礼仪、着装礼仪、生活礼仪、接待礼仪、网络礼仪、会议礼仪、涉外礼仪等方面指导检察人员自觉遵守职业礼仪。

2. 职业素养。注重学习，谋求科学发展。以“创建学习型检察院、争当学习型检察官”活动为载体，创建学习型党组织、学习型检察院、学习型检察官。建立了“专家论坛”学习培训交流制度，建立了局域网系统，增设了图书阅览室，开通检察政务网，设立网上学习交流园地，创办双月刊物《学习与超越》，举办检察理论与应用研究年会。国家检察官学院、武汉大学、中南财经政法大学分别在该院建立了教学示范基地。

3. 职业形象。通过职业礼仪的学习、职业素养的训练，塑造一支公正司法、创先争优、开拓进取、亲民爱民的检察队伍，打造广受好评的职业形象。将公正执法作为检察人员行使法律监督职能的基准线，进而创先争优、开拓进取，最终达到群众满意、服务民生的目的。

三、湖北宜昌模式：实施四大战略，推进检察文化建设实践

湖北省宜昌市人民检察院大力实施“文化立检、文化固检、文化育检、文化亮检”四大战略，推动了检察文化建设的落地、生根、开花。

（一）构建三层体系，推进文化立检

1. 确立宜检院训。该院鲜明地提出了“忠诚、公正、责任、使命”的院训，以忠诚为法律监督的根本保障，以公正为法律监督的价值目标，以责任为法律监督的内在要求，以使命为法律监督的动力源泉；同时，围绕检察工作主题深入进行研讨、阐发和宣讲，构建起全员的核心价值观。

2. 提炼宜检精神。立足检察职能，吸收传统文化和宜昌本土文

化的养分，提炼形成了“崇法、厚生、勇毅、求索”的八字精神，实现了职业信仰的定向、司法宗旨的定位、司法形象的定型和精神风貌的定格。

3. 建立共同愿景。运用学习型组织理论，逐层建立个人愿景和团队愿景，并确立了“争先进，创品牌，建一流检察机关”的共同愿景，指明了宜昌检察事业的奋进目标。

在以上三层体系中，宜检院训是对检察工作主题目标价值的首次抽象化转换；为使院训指向人的行为，形成人的意志力，该院对其进行再次价值转换，提炼形成了宜检精神；为使院训和宜检精神与检察工作联系更紧，该院确立了共同愿景，将价值目标进一步具体化，完成了第三次价值转换。通过逐层转换、渐次深入，科学确立了理念文化的主体框架。

（二）实行三项管理，推进文化固检

该院坚持刚性约束、活性机制和柔性关怀三管齐下，实现了管案、管事与管人的有机统一。

1. 实行规范管理，提升责任感。该院引入国际质量标准管理理念和方法，健全了程序严密、标准统一、考评科学的制度体系，实行流程管理和质量控制，推进办公办案的信息化，提升了全员的执行力和责任感。

2. 实行绩效管理，提升成就感。该院结合高检院和省院考核体系，修改完善绩效考评办法，对基层院 18 项业务和市院机关各个岗位进行量化考评和激励奖惩，突出检察官的主体地位，让干警干有标准、干有舞台、干有成就。

3. 实行人本管理，提升归属感。该院实行“六必谈，六必访”、定期分析队伍思想动态，定期征求干警意见，定期组织青年干警座谈，大兴民主管理，让干警充分行使知情权、参与权和表达权，做到常进干警门、常纳干警言、常解干警难、常连干警心，增强团队归属感。

（三）实施三项工程，推进文化育检

1. 实施龙头工程。该院要求两级院领导班子辩证地处理“全局与局部、重点与一般、求真与务实、对上与对下、育才与用人、民主与集中、主角与配角、正人与正己”等八对关系，并提出了“讲政治、树正气、持公心、善团结、重诚信、守廉洁、慎交友、聚人心、忌浮躁、有追求”等十大要求，促使领导干部争做检察文化的思考者、探索者和实践者，为全体干警树榜样、立标杆。

2. 实施导向工程。该院倡导宜昌检察官“修身九德”和“十个好习惯”，编印了《检察礼仪50条》，促进了干警日常养成。该院还先后策划了“重大先进典型”、“十佳女检察官”、全市“劳动模范”、“优秀党员”和“自侦办案先进典型”等“选、树、推”活动，引导干警“看身边人、学身边样”，争当“十型”检察官。

3. 实施素能工程。该院坚持开展“七个一”活动，即推荐一本励志书籍：向干警赠送《责任胜于能力》、《细节决定成败》、《活法》等书籍，引导干警去浮躁、闻书香；确定一个“理论学习月”：邀请各界知名人士来院讲座，引导干警拓视野、学新知、增素养；开展一次全员“反思”：定期开展集中反思，找亮点、查短板、谋发展；召开一届青年干警座谈会：连续召开四届青年干警座谈会，院领导与年轻人交心谈心、共话成长；策划一系列主题文化活动：广泛组织演讲、文艺、宣誓等活动，陶冶情操，激扬士气；组织一场岗位学练赛：采用“学、练、赛、考、评”五种方法，提升干警的“说、辩、研、写、录”五项技能；开展一次社会实践活动：先后开展了“服务项目一线行”、“两服务两促进”、“法律监督四走进”等实践活动，组织干警深入经济主战场，看发展、察民情、强服务。

（四）创新三大载体，推进文化亮检

宜昌市院结合“两房”建设，用检察文化固化于“物”、美化于“景”、教化于“人”。

1. 系统布局文化外景。该院规划布局了寓意奋进不息的风车状楼栋，寓意公开透明司法理念的阳光大厅，以院训“忠诚、公正、责任、使命”命名的办公楼，以检察职业道德“忠诚、公正、清廉、文明”命名的院内道路，赋予文化内涵的庭院绿化，使干警置身“五大外景”，耳濡目染。

2. 精心设计文化亮点。该院精心装点主题壁雕、文化廊、展览厅、阅览室、党员之家和新闻工作者之家等六大文化亮点，按功能、分层次展示检察文化，使之时时处处浸润干警心田。

3. 系统打造文化软件。该院建设了富有文化品味的检察网站；印制了工具书《宜昌检察文化手册》；编著了《宜昌检察文化关键词》；设计了宜昌检察标识“正义之眼”；谱写了院歌《最高的奖赏》和《有我》；拍摄了文化建设专题片《超越》；目前，该院正组织力量撰写《宜昌检察文化概论》。这七大软件载体，打造了全方位的检察文化传播平台。

四、重庆渝北模式：提出构建检察文化软实力

近年来，重庆市渝北区人民检察院大力实施文化育检、文化强检战略，以开展《国家软实力与检察文化软实力构建研究》课题研究为发端，深度挖掘文化软实力与检察工作的良性互动作用，精心打造“制度文化、行为文化、符号文化、价值文化”四大工程，通过检察文化多层次、全方位的潜移默化作用，锻造出一支优秀的检察队伍，取得了突出的工作业绩。

（一）机制创新，激发“制度文化”的创新作用

按照“创新机制出亮点”的工作思路，以《关于建设创新型检察院的意见》为总纲，该院不断出台队伍建设和业务工作新举措、新机制，通过工作机制、制度创新促进检察队伍建设和业务建设。一是业务工作机制创新。把创新贯穿到司法办案的全过程，不断推动创新理论研究成果转化为工作创新能力。首创的纠防超期羁押“一证通”制度、监外罪犯交付执行“双向签名”机制、监外执行罪犯GPS定位管理系统、群众点名接待、前置换押、轻微刑事案件“快速办案机制”、刑事被害人救助制度、刑事案件分类案办理机制，以及以未成年犯罪嫌疑人微罪不起诉与社区帮教制度、未成年受害人刑事救助制度、办案过程中的亲情会见制度等为主要内容的少年司法体系等创新举措，在全市乃至全国检察系统都产生了重大影响。二是队伍管理机制创新。深入开展分类管理改革，制定《职位说明

书》、《权限分配办法》，细化职位权限，明确素能要求；制定《绩效考核办法》，分别设定检察官、检察事务官、检察行政官各职位考核指标和评价标准，全面、客观、公正地评价各职位检察人员的工作绩效以及相应的各项能力，逐步形成结构合理、权责明确、配合制约、高效运行的分类管理体制。三是人才引进使用机制创新。坚持每年面向全国选拔人才，2007 年以来公开招录优秀大学毕业生 105 名，其中硕士研究生 102 人，双学位 2 人，通过国家司法考试 99 人；从全国政法系统引进业务优秀人才 5 人，进一步充实各条线的骨干力量；全面推行中层干部、检察官竞争上岗和一般干警双向选择制度，先后有 30 余名德才兼备、年富力强的优秀青年干警走上中层领导和检察官岗位。对特别优秀、有突出贡献的干警大胆提拔重用，2007 年荣获“全国侦查监督十佳检察官”的两名干警分别由副主任科员、科员破格提拔为刑事检察局检察官（正科级实职干部），2008 年一名干警荣获“全市十佳民行检察官”，被破格任命为检察员，形成了能者上、平者让、庸者下的良性机制。四是干警成长机制创新。制定出台了《关于进一步加强渝北检察人才建设的意见》，建立了侦查、公诉、理论研究、综合管理等人才库，将符合培养条件、具有发展潜力的干警确定为培养对象，列入人才库分类管理；建立了选送优秀干警出国留学制度和脱产攻读博士学位制度；每年举行一次“中英文双语演讲比赛”、“模拟法庭辩论赛”，定期开展“金苹果大讲堂”，锻炼干警讲、说、辩的能力；定期开展封闭式业务培训和素质培训周活动，邀请专家学者授课，选派优秀干警到全国先进检察院学习考察、挂职锻炼，开阔视野，提高业务能力。

（二）示范引导，发挥“行为文化”的塑造作用

该院注重从行为规范、行为示范、行为养成三个层次，加强“行为文化”建设，塑造健康、文明、高素质的渝北检察官群体形象，先后涌现出“中国十大杰出检察官”、“全国模范检察官”、“重庆直辖十年建设功臣”、“全国十佳侦查监督检察官”、“全市十佳公诉人”、“全市十佳侦查员”、“全市十佳民行检察官”等先进典型。一是抓行为规范。把“规范、文明、自觉”确定为检察人员的行为

模式，相继制定了办案规范、办公规范、行为规范、接待规范、礼仪规范等一系列行为规范，使机关的业务工作、队伍管理、检务保障及日常事务等应当规范的行为都有了统一的标准和尺度，使每名检察干警在社会公众面前的一言一行、一举一动都有了统一的行为模式。把规范当成习惯，已经成为渝北检察院全体干警的自觉行动。二是抓行为示范。把先进典型的示范带动作用融入“行为文化”建设中，大力发掘和宣传先进典型，教育引导干警以身边的榜样为镜，积极向上、不断进取。开展争做“优秀公诉人、优秀办案能手、优秀侦查员、优质服务明星”的四优竞赛活动，评选“我身边的职业道德模范”，举办先进模范事迹报告会，结合年终总结每年评选一次建设创新型检察院先进集体和先进个人，把身边先进典型的相片及事迹上墙挂网，营造出向先进的人和事学习的良好氛围。三是抓行为养成。重大节日、表彰活动、新人入职、干部任命、老干部退休时举行简朴而隆重的仪式，激发干警从事检察职业的光荣感、责任感和使命感已成为渝北区检察院固有的行为模式；围绕热情服务群众，严格实行“六个一”的接待守则，即一张笑脸相迎，一杯热茶相敬，一声问候暖心，一把椅子让座，一声慢走相送，一直负责到底，防止对人民群众冷硬横推、简单粗暴；严格要求干警八小时以外的言行，不酗酒，不参加有损检察官形象的各种活动，切实做到举止文明，行为检点。

（三）环境熏陶，营造“符号文化”的感染作用

“符号文化”是检察文化建设的“硬件”，是一个院的名片，良好的“符号文化”建设是基层院文明进步的有形标尺。近年来，渝北区检察院在机关环境文化建设上精心构思，重点投入，倾力打造出独具特色、饱含检察韵味的文化环境，干警置身其中，处处感受到浓郁的文化气息，在潜移默化中提升文化品位。一是美化办公环境。先后投入160余万元完成对办公楼的环境改造，从车辆停放、花草栽种到杂物处理，注重细节、严格规范，处处给人以美的享受、美的熏陶，让检察干警在潜移默化中养成诚实做人、宽容待人、豁达干练的性格品质。二是打造“四室一廊”文化载体。建好健身室、党建室、

阅览室、荣誉室（院史室）、检察文化长廊，为丰富干警文化活动搭建平台。三是在细微细节处营造文化氛围。制作中英文双语门牌、渝北检察读书笔记本、手提袋、工作亮点宣传册、渝北检察标志（LOGO），设置检察文化石，利用电子显示屏、电脑屏保程序打出“每周格言”、“廉政对联”等与检察人员息息相关的信息，让干警随时随地感受到浓郁的检察文化氛围。

（四）凝魂聚力，发挥“价值文化”的引领作用

该院注重发挥检察文化的凝聚功能，引领干警追求共同的价值取向。一是开展形式多样的教育活动。紧密结合每年的工作重点确定一个活动主题，有针对性地开展革命传统、理想信念、职业道德、社会主义法治理念等经常性教育；充分利用重庆各种底蕴丰富、独具特色的红色资源，开展瞻仰红色遗址、感受烈士情怀的各种主题活动；广泛开展唱红色歌曲、读传统经典、讲励志故事、传红岩精神的“唱读讲传”活动；面对荣获的各项荣誉，有针对性地开展“模范院前找差距、一等功前找不足”专题教育活动；组织开展“渝北检察精神大讨论”，撰写《渝北检察赋》，充分激发广大干警勇争一流、再攀新高的精气神。二是重视干警业余文化建设。积极倡导“快乐工作、健康生活”的新理念，以健康文明的生活娱乐方式占据干警业余生活阵地。创办《渝北检察》刊物，刊载干警自己创作的文艺作品，展示队伍风采；成立各类协会和兴趣小组，提供经费支持，建设活动场所，广泛开展各种知识性、趣味性、竞技性强的文体娱乐活动。渝北区检察院创作的经典诵读《黄河颂》在区庆祝建党88周年文艺汇演中获一等奖，舞蹈《三峡情》在全市检察机关首届文化艺术节上获最佳创意奖，代表市检察院参加重庆市直机关庆祝新中国成立60周年暨第九届职工文艺汇演获一等奖。三是注重人文关怀。在工作、学习、生活各个方面营造浓厚的人文关怀氛围，增强干警“以院为家”的团队精神。关注干警的职务晋升、岗位变动、群众反映、个人和家庭困难，把对干警的关爱向工作以外、干警亲属、日常生活延伸，建立起干警之间信息纽带、思想纽带和情感纽带。建立“四个一”和“三必到三必访”制度：每年组织一次外出考察、开展

一次集体联欢、组织一次体检、赠送一盒生日蛋糕；干警有困难必到必访，干警或家属重病必到必访，干警婚丧大事必到必访。积极争取各项政策支持，落实内设机构主要负责人按副处级配备，副职和检察官按正科级配备的职级待遇。

第二章　检察伦理建设

检察伦理（或检察职业伦理），是指检察人员在职业活动中应当遵循的伦理规范和道德准则，具体来说，就是检察人员在行使检察权、履行检察职责过程中，或者从事与之相应的活动及相关社会生活中应当遵循的内心信念和行为规范的总和。检察伦理包括职业道德、职业精神、职业礼仪等规范性要求，作为一种内化的规范，它是检察文化的中坚和相对稳定的成分。检察伦理是检察人员的职业操守、职业观念、职业态度、职业技能、职业纪律和职业作风的集中体现，是社会伦理体系的重要组成部分，是社会道德在检察职业领域中的具体体现和升华。检察伦理或检察职业道德作为一种意识形态，既反映了社会对检察人员的道德期许和价值判断，也反映了检察人员的自我定位和自我认知。[①]

检察伦理与检察人员和检察职业密切相关，因而检察伦理建设必须紧密围绕检察人员和检察职业来开展。检察职业伦理体现了检察职业规定性，既是对检察人员在执业活动中思想和行为的要求，又是检察职业身份对社会所负的道德责任与义务。[②] 因此，我们在研究检察伦理建设时，尤其是在研究检察伦理建设的实践路径时，应当在明确“什么是检察伦理”的基础上，着眼于检察人员的主体身份和职业特点，有针对性地开展研究，切实解决好“怎么建设检察伦理”的问题。形而上的检察伦理要真正落实到检察实践之中，离不开具体制度的设计和实施路径的选择。因此，本章将对检察官的主体特征和

---

① 参见张耕主编：《检察文化初论》，中国检察出版社 2014 年版，第 102 页、第 105 页。

② 参见谢鹏程：《台湾地区检察官职业道德与公信力建设》，载《人民检察》2010 年第 17 期。

职业特性展开分析，并据此提出加强检察伦理建设的努力方向。

检察人员是根据法律的设置而产生，并依据法律的规定履行职责，所以，对于检察人员群体的文化判断，归根结底还是要通过对法律规定和司法实践的对比与解读来实现。我们认为，检察人员的文化特征，指的是基于法律规定和相关政策，对检察人员群体进行的一种文化判断。这种判断的目的在于，一方面，明确检察人员群体的现实情况，重点分析法律规定中关于检察人员群体的具体内容，以及现有规定与司法实践的相互联系及暗藏博弈；另一方面，基于司法实践的相关情况，重点分析检察人员群体在现有法律规定背景下面临的突出问题，并进一步分析产生问题的原因。同时，除了现行的法律规定之外，在当前检察改革的大背景下，针对检察人员的未来定位、职权配置、履职模式、发展路径等，都有了新的探索和尝试。那么，对于检察人员的审视和定位也必然会发生相应的变化。

第一节　检察伦理建设理论分析

对于检察伦理的理论分析，应当以检察人员特别是检察官的文化属性和法律特征的判断为基础，必须在现行法律规定的基础上进行分析研究。

一、检察人员的主体身份和职业特点

检察人员的主体身份和职业特点，主要体现在法律和有关规定中，包括《中华人民共和国人民检察院组织法》（以下简称《检察院组织法》）、《中华人民共和国检察官法》（以下简称《检察官法》）、最高人民检察院制定的关于检察人员管理的相关规定等。

（一）检察人员的身份和职责

关于检察人员的身份，我国法律作出了明确规定，如《检察院组织法》第 8 条规定："各级人民检察院行使检察权，对于任何公民，在适用法律上一律平等，不允许有任何特权。"第 9 条规定："人民检察院依照法律规定独立行使检察权，不受其他行政机关、团

体和个人的干涉。”《检察官法》第2条规定：“检察官是依法行使国家检察权的检察人员，包括最高人民检察院、地方各级人民检察院和军事检察院等专门人民检察院的检察长、副检察长、检察委员会委员、检察员和助理检察员。”第12条规定：“检察官职务的任免，依照宪法和法律规定的任免权限和程序办理。”可见，检察人员是行使检察权的特定人员，具有一定的独立性。

关于检察人员的职责，我国法律也作出了明确规定，如《检察官法》第6条规定：“检察官的职责：（一）依法进行法律监督工作；（二）代表国家进行公诉；（三）对法律规定由人民检察院直接受理的犯罪案件进行侦查；（四）法律规定的其他职责。”第7条规定：“检察长、副检察长、检察委员会委员除履行检察职责外，还应当履行与其职务相适应的职责。”第8条规定：“检察官应当履行下列义务：（一）严格遵守宪法和法律；（二）履行职责必须以事实为根据，以法律为准绳，秉公执法，不得徇私枉法；（三）维护国家利益、公共利益，维护自然人、法人和其他组织的合法权益；（四）清正廉明，忠于职守，遵守纪律，恪守职业道德；（五）保守国家秘密和检察工作秘密；（六）接受法律监督和人民群众监督。”第9条规定：“检察官享有下列权利：（一）履行检察官职责应当具有的职权和工作条件；（二）依法履行检察职责不受行政机关、社会团体和个人的干涉；（三）非因法定事由、非经法定程序，不被免职、降职、辞退或者处分；（四）获得劳动报酬，享受保险、福利待遇；（五）人身、财产和住所安全受法律保护；（六）参加培训；（七）提出申诉或者控告；（八）辞职。”可见，检察人员的职责较为广泛。

（二）检察人员之间的关系与管理

关于检察人员之间的关系，我国法律作出了明确规定，如《检察院组织法》第10条规定：“最高人民检察院领导地方各级人民检察院和专门人民检察院的工作，上级人民检察院领导下级人民检察院的工作。”第3条规定：“各级人民检察院设检察长一人，副检察长和检察员若干人。检察长统一领导检察院的工作。”这是我国检察一体原则的体现，该原则要求在检察系统上级检察机关领导下级检察机关，在检察机关内部上级检察官领导下级检察官，这是检察人员之间关系的重要体现。

关于检察人员的管理，我国法律也有明确规定，如《检察官法》第14条规定："检察官有下列情形之一的，应当依法提请免除其职务：（一）丧失中华人民共和国国籍的；（二）调出本检察院的；（三）职务变动不需要保留原职务的；（四）经考核确定为不称职的；（五）因健康原因长期不能履行职务的；（六）退休的；（七）辞职或者被辞退的；（八）因违纪、违法犯罪不能继续任职的。"第19条规定："检察官之间有夫妻关系、直系血亲关系、三代以内旁系血亲以及近姻亲关系的，不得同时担任下列职务：（一）同一人民检察院的检察长、副检察长、检察委员会委员；（二）同一人民检察院的检察长、副检察长和检察员、助理检察员；（三）同一业务部门的检察员、助理检察员；（四）上下相邻两级人民检察院的检察长、副检察长。"上述规定对检察人员的免职和职业回避情况作了明确规定。

（三）检察人员的职业道德

2009年，为了加强检察人员职业道德建设，最高人民检察院制定出台了《中华人民共和国检察官职业道德基本准则（试行）》（以下简称《检察官职业道德基本准则（试行）》），明确提出了检察人员职业道德的基本要求是忠诚、公正、清廉、文明。

1. 忠诚。忠诚是检察人员的基本道德要求，其基本含义是"忠于党、忠于国家、忠于人民、忠于宪法和法律"，要求检察人员必须牢固树立依法治国、司法为民、公平正义、服务大局、党的领导的社会主义法治理念，做中国特色社会主义事业的建设者、捍卫者和社会公平正义的守护者。检察人员要尊崇宪法和法律，严格执行宪法和法律的规定，自觉维护宪法和法律的统一、尊严和权威。坚持立检为公、司法为民的宗旨，维护最广大人民的根本利益，保障民生，服务群众，亲民、为民、利民、便民。要热爱人民检察事业，珍惜检察官荣誉，忠实履行法律监督职责，自觉接受监督制约，维护检察机关的形象和检察权的公信力。要坚持"强化法律监督，维护公平正义"的检察工作主题，坚持检察工作政治性、人民性、法律性的统一，努力实现执法办案法律效果、社会效果和政治效果的有机统一。要维护国家安全、荣誉和利益，维护国家统一和民族团结，严守国家秘密和检察工作秘密。要保持高度的政治警觉，严守政治纪律，不参加危害国家安全、带有封建迷信、邪教性质等非法组织及其活动。

2. 公正。公正是对检察人员司法办案的基本要求，其具体要求是：要树立忠于职守、秉公办案的观念，坚守惩恶扬善、伸张正义的良知，保持客观公正、维护人权的立场，养成正直善良、谦抑平和的品格，培育刚正不阿、严谨细致的作风。要依法履行检察职责，不受行政机关、社会团体和个人的干涉，敢于监督，善于监督，不为金钱所诱惑，不为人情所动摇，不为权势所屈服。要自觉遵守法定回避制度，对法定回避事由以外可能引起公众对办案公正产生合理怀疑的，应当主动请求回避。在具体办案中要以事实为根据，以法律为准绳，不偏不倚，不滥用职权和漠视法律，正确行使检察裁量权；要树立证据意识，依法客观全面地收集、审查证据，不伪造、隐瞒、毁损证据，不先入为主、主观臆断，严格把好事实关、证据关；要树立程序意识，坚持程序公正与实体公正并重，严格遵循法定程序，维护程序正义；要树立人权保护意识，尊重诉讼当事人、参与人及其他有关人员的人格，保障和维护其合法权益；要尊重律师的职业尊严，支持律师履行法定职责，依法保障和维护律师参与诉讼活动的权利；出席法庭审理活动，应当尊重庭审法官，遵守法庭规则，维护法庭审判的严肃性和权威性；要严格遵守检察纪律，不违反规定过问、干预其他检察官、其他人民检察院或者其他司法机关正在办理的案件，不私自探询其他检察官、其他人民检察院或者其他司法机关正在办理的案件情况和有关信息，不泄露案件的办理情况及案件承办人的有关信息，不违反规定会见案件当事人、诉讼代理人、辩护人及其他与案件有利害关系的人员；要努力提高案件质量和办案水平，严守法定办案时限，提高办案效率，节约司法资源等。

3. 清廉。清廉是对检察人员的基本道德要求，其基本要求是：不以权谋私，以案谋利，借办案插手经济纠纷；不利用职务便利或者检察官的身份、声誉及影响，为自己、家人或者他人谋取不正当利益；不从事、参与经商办企业、违法违规营利活动，以及其他可能有损检察官廉洁形象的商业、经营活动；不参加营利性或者可能借检察官影响力营利的社团组织；不收受案件当事人及其亲友、案件利害关系人或者单位及其所委托的人以任何名义馈赠的礼品礼金、有价证券、购物凭证以及干股等；不参加其安排的宴请、娱乐休闲、旅游度假等可能影响公正办案的活动；不接受其提供的各种费用报销，出借的钱款、交通通信工具、贵重物品及其他利益。在生活中，检察人员应当按照有关规定报告个人有关事项，如实申报收入；保持与合法收入、财产相当的生活水平和健康的生活情趣等。

4. 文明。文明是对检察人员行为规范的基本要求，其具体内容是：注重学习，精研法律，精通检察业务，培养良好的政治素质、业务素质和文化素养；弘扬人文精神，体现人文关怀，做到司法理念文明，司法行为文明，司法作风文明，司法语言文明；遵守各项检察礼仪规范，注重职业礼仪约束，仪表庄重、举止大方、态度公允、用语文明，保持良好的职业操守和风范，维护检察官的良好形象；执行公务、参加政务活动时，按照检察人员着装规定穿着检察制服，佩戴检察标识徽章，严格守时，遵守活动纪律；在公共场合及新闻媒体上，不发表有损法律严肃性、权威性，有损检察机关形象的言论；要明礼诚信，在社会交往中尊重、理解、关心他人，讲诚实、守信用、践承诺，树立良好的社会形象；要牢固树立社会主义荣辱观，恪守社会公德、家庭美德，慎独慎微，行为检点，培养高尚的道德操守；不耍特权、逞威风、蛮横无理；在职务外活动中应当约束言行，避免公众对检察官公正执法和清正廉洁产生合理怀疑，避免对履行职责产生负面作用，避免对检察机关的公信力产生不良影响等。

二、检察伦理的特性分析

从上述有关检察人员的法律规定来看，我国检察人员的法律属性具有多元化特征，即检察人员兼具司法性和行政性双重属性，这折射出检察伦理的特性。

（一）检察伦理的司法属性

根据我国的法律规定，人民检察院是国家的法律监督机关，那么，对应的检察人员就是依法履行法律监督职能的主体。结合检察人员及检察院的法定职权来看，检察人员在我国的法律框架内，其基本属性是司法人员。

从传统观点来看，法官属于司法官是没有争议的。但针对检察官究竟能否列入司法官的范畴，则一直争论不断。反对者的原因主要集中在如下几个方面：一是从司法官的属性上看，要求具备中立性特征，但是检察官的主要职责是代表国家指控犯罪，因而检察官具有明显的倾向性，难以像法官那样居中审理。二是从检察官与法官的对比上看，根据我国法律的规定，法院是国家的审判机关，检察院是国家的法律监督机关，两者之间存在明显的区别，因而检察官与法官之间在属性上也应予以区分。基于上述等原因，有部分学者认为，检察官不具备或者仅具备较弱的司法属性。

对于上述观点，我们并不赞同。理由如下：首先，从检察院组织法、检察官法等法律关于检察院、检察官的职权的规定来看，我国检察官的法定职责不是单纯地代表国家指控犯罪，而是全面履行法律监督职责，包括依法开展诉讼监督、审判监督等工作，因而这必然要求检察官做到中立性，否则就难以全面正确履行职责。其次，我国法律关于检察院和法院的属性表述存在区别，这主要是由于两者之间职责的不同，以此为依据就认为检察官与法官属性的不同，缺乏充足的理由。最后，党中央的有关文件和司法改革，都将检察机关和法院作为司法机关对待，这充分说明检察机关的基本属性为司法性。因此，我们认为司法属性是我国检察人员的固有属性，履行客观义务[①]、维护公平正义，是检察人员的职业特点，这也使检察人员获得了“法律守护人”和社会公平正义守护者这一职业伦理色彩。[②]

（二）检察伦理的行政属性

我国检察人员除了司法属性之外，还具有一定的行政属性。但在

---

① 所谓客观义务，是指“检察官为了发现真实情况，不应站在当事人的立场上，而应站在客观的立场上进行活动”。参见［日］松本一郎：《检察官的客观义务》，郭布、罗润麒译，法学译丛出版社1980年版，第112页。

② 参见张耕主编：《检察文化初论》，中国检察出版社2014年版，第109页。

司法属性和行政属性的关系上，前者是主要属性，后者是从属属性。检察人员的行政属性缘于检察机关的上下级关系和检察人员的内部管理。

根据我国法律规定，检察院上下级之间是领导与被领导的关系，同时，这种领导与被领导的关系，不仅体现在上下级检察院之间，也反映在检察院内部，即检察长、副检察长、检察员、助理检察员之间也同样存在领导与被领导的关系。这种领导与被领导的关系，对检察院依法独立行使检察权具有保障作用，因为我国法律规定的是“检察院依法独立行使检察权”，这种领导关系可以排除“其他行政机关、团体和个人的干涉”。在现实实践中，由于检察机关承担着查办职务犯罪等重要职责，为了有效排除在查办职务犯罪中的干扰和影响，也需要检察机关形成团体作战力量，而上下级检察机关的领导体制有利于检察机关形成合力，以保证及时有效查办职务犯罪，提高我国反腐败的力度。

在我国，根据有关法律规定，特别是在目前检察改革过程中，检察官行使检察权的权力越来越大，其依法独立行使职权已成为今后的发展趋势。检察官在一定程度上成为依法相对独立行使检察权的主体，必然要求检察官在行使检察权过程中应当具有一定的独立性，不受其他机关、团体和人员的干涉。虽然检察机关的上下级领导关系在一定程度上可能影响检察官的独立性，但只要我们处理协调好二者之间的关系，就可以有效发挥其有利作用。具体来说，一方面，检察机关的上下级领导关系强调外部关系，即这种领导关系从外部上防止对检察官独立行使职权的影响，保证检察官对外的独立性。另一方面，检察机关的上下级领导关系强调内部的规范性，要求或者明确规定上级对下级领导的范围和程序，不得违法干预检察官的办案活动，上级行使指令权时必须书面化，从而可以有效保障上级指令权的正确行使，发挥其防止检察官滥用职权的作用。由此可见，检察机关的上下级领导关系并不必然地影响检察官的独立性，只要合理确定其范围和程序，就可以发挥其积极作用。因此，检察机关的行政属性是检察机关的一项重要属性，它决定了检察伦理的行政属性，这种属性对于检察机关全面履行法定职能具有重要意义。

第二节　检察伦理建设经验与问题

在最高人民检察院的领导下，各地检察机关和检察人员都十分重视检察伦理研究和建设。经过各地检察机关多年的努力，不仅促进了我国检察人员的伦理修养，而且也积累了丰富的检察伦理建设经验。但是，我国检察伦理水平与党和人民的要求相比，尚存在一定的差距，这反映出我国目前检察伦理建设还存在一定的问题，需要今后予以重视和解决。

一、检察伦理建设的经验

从目前实践看，各地检察机关都在进行检察伦理建设，这是我国检察伦理不断完善和提高的重要保证。虽然各地检察机关进行检察伦理建设的情况不同，但是都为检察伦理建设积累了经验。经过研究分析，我们认为，我国检察机关进行检察伦理建设具有以下经验：

（一）领导重视并常抓不懈

检察伦理既是对检察人员在职业活动中思想和行为的要求，也是检察人员的检察职业身份对社会所负的道德责任与义务。检察伦理是由检察伦理观念、检察伦理行为和检察伦理规范三个层次的内容组成。这些检察伦理内容的形成，都需要检察伦理建设予以培育，这往往需要较长的时间。从各级检察机关进行检察伦理建设情况看，做得比较好的成为典型的检察机关，都有一条成功的经验，就是领导重视并常抓不懈。例如，湖北省宜昌市人民检察院孙光俊检察长十分重视检察伦理建设，带领该院制定了一系列检察伦理规范，并带头垂范，亲自进行检察伦理研究，带动了全院检察人员，从而有效地提高了全体检察人员的检察伦理水平，形成了湖北宜昌的检察文化模式。

检察伦理建设不仅要领导重视，制定相关的制度规范，而且还要常抓不懈，持之以恒。因为检察伦理建设的途径主要包括教育引导、制度约束、评价激励和自律，检察伦理建设的一切外部手段，包括教育引导、制度约束、评价激励等，都必须通过检察人员主体伦理思维活动，才能对他自身伦理品质的形成产生作用，最终起到提高其伦理水平。可见，从道德伦理的外部教化到检察人员内心道德伦理的形成和提高，需要一个认识、接受和转化的过程，这就需要一定的时间。只有对检察伦理建设常抓不懈，才能将外部的制度约束转化为检察人员的自觉行动，从而提高其检察伦理道德水准。

（二）多种措施共同发力

由于检察伦理包含丰富的内容，因而检察伦理建设则是一个综合工程，需要采取多种措施，才能产生明显的效果。从目前各地检察机关进行检察伦理建设实践看，检察伦理建设采取了多种措施，主要包括教育学习、典型教育、制度规范、评先激励等措施，这已成为检察伦理建设的一条经验。只有采取多种建设措施，共同发挥作用，才能取得检察伦理建设的良好成绩。例如重庆渝北区人民检察院通过制度建设、评选模范检察官、建设“四室一廊”文化载体、开展红色教育活动、开展健康的文体活动等措施，大力实施文化育检、文化强检战略，有效地提高了全体检察人员的检察伦理道德水平，形成了重庆渝北检察伦理建设模式。

从检察伦理建设实践看，每一种建设措施都有自己的优势和不足，比如教育学习具有系统性、广泛性等优势，可以使检察人员形成全面的检察伦理观念和知识，但缺乏针对性；又如典型案例教育虽然具有针对性、深刻性，但却缺乏理论性和内容的全面性。因此，只有将检察伦理建设的各种措施结合起来，发挥各自建设措施的优势，克服各种建设措施的不足，才能形成检察伦理建设的合力，有效促进检察伦理全面发展。

（三）构建制度化的长效机制

制度是要求人们共同遵守的行为规程或准则，是人们行为的规范。检察伦理制度就是规范检察人员道德行为的准则，是检察伦理的具体体现。从目前全国检察机关进行检察伦理建设实践看，建立检察伦理制度是促进检察伦理建设的重要措施和手段，也是检察伦理建设成为检察工作重要组成部分的制度保证，这也是检察伦理建设的又一重要经验。例如湖北汉阳区人民检察院通过制定《检察人员文

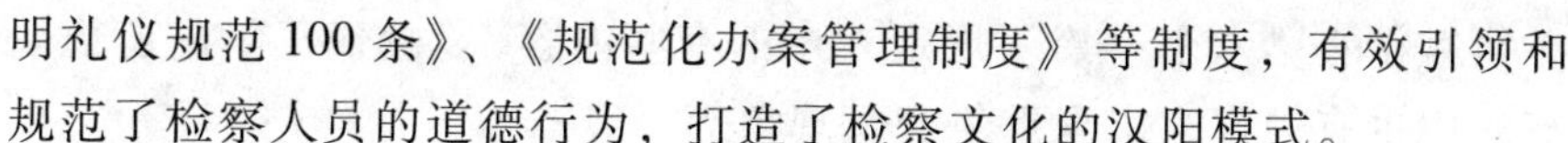

明礼仪规范100条》、《规范化办案管理制度》等制度，有效引领和规范了检察人员的道德行为，打造了检察文化的汉阳模式。

为了保证检察伦理建设具有长期性，最高人民检察院制定了一系列相关制度，以有效推进检察伦理建设。例如《检察官职业道德规范》（2002年3月7日）、《检察机关领导干部必须遵守的“六个严禁”规定》（2005年10月23日）、《检务督察工作暂行规定》（2007年10月8日）、《检察机关文明用语规则》（2010年6月9日）、《人民检察院检察制服着装管理规定》（2010年12月3日）等制度，这些制度可以有效保证检察伦理建设的长期性，从而形成检察伦理建设的长效机制。

二、检察伦理建设存在的问题

从目前检察实践看，各地检察机关在进行检察伦理建设过程中，虽然取得了一定的成绩，积累了一些经验。但是，从整体上说，各地检察机关在检察伦理建设中还存在一定的问题，主要表现在以下三个方面：

（一）检察伦理制度尚不完善

检察伦理制度是检察伦理建设的根本保证，也是检察伦理建设达到一定水平的标志。从目前情况看，各地检察机关都十分重视检察伦理建设，制定了一些检察伦理建设方面的制度，但是，各地检察机关制定的检察伦理制度尚不完善，主要表现在以下几方面：一是有的检察伦理制度所规定的内容政治性较强，职业特点不足，难以反映检察人员的特色。二是有的检察伦理制度规定得较为原则，不具有可操作性，有的也不符合国情，难以有效执行。比如“不准接受礼物”，如不规定具体数额和情形，一概不准接受礼物，就难以执行，因为馈赠小礼物是国际惯例，只要不达到一定的数额，都是允许的，也是合情合法的，特别是在重情理的我国，亲朋好友之间互赠礼物，已成为一种待人接物的习惯和传统，如果不具体规定礼物的数额和情形，更是难以执行的。三是各种检察伦理制度之间存在内容重复、交叉等现象，没有形成一个完整的检察伦理体系。比如《检察机关领导干部必须遵守的“六个严禁”规定》中的有些内容，《检察官职业道德规范》中也有规定，出现重复交叉现象等。

（二）缺乏有效的考评监督机制

制度的价值在于执行，而执行就缺少不了考评、监督措施和机制。从目前情况看，各地检察机关虽然都制定了一些检察伦理制度，但是却缺乏有效的考评监督机制。从考评方面看，虽然各地检察机关每年都要对检察人员进行年终考评，其中也涉及纪律、廉政等检察伦理方面的内容，但这种考评都是由检察人员自己填写的，往往具有很大的随意性，难以有效对检察人员的检察伦理情况进行准确的考评。检察机关对检察人员进行平日的考评很少，除非针对需要提拔的检察人员或者严重违反纪律的检察人员，对其他一般检察人员几乎没有检察伦理方面的考评。从监督方面看，虽然各级检察机关都设有纪检监察部门，负责对检察人员的违法违纪行为进行监督，也建立了检务督察制度等，可以对检察人员的行为进行监督，但是，这种监督机制主要针对检察人员的严重违纪行为，而对于检察人员的一般违反道德的行为缺乏监督。特别是对检察人员八小时之外的行为，纪检监察部门更缺乏有效的监督途径和措施，因而难以有效保证检察人员严格遵守有关的检察伦理制度。

（三）缺乏有效的检测措施

检察伦理建设的目的在于提高检察人员的检察伦理道德水平，而要知晓该目的是否达到，检察伦理建设的效果如何，就必须要有相应的检测措施或机制。但是，从目前情况看，各级检察机关在检察伦理建设中都缺乏相应的检测措施。即通过何种途径或程序，能够分析和评估检察机关进行检察伦理建设的效果，也就是说，通过检察伦理建设，检察人员的检察伦理道德水平是否得到提高或者提高多少。从目前检察实践看，各地检察机关每年都要统计的检察人员每年违法违纪的数量，可以从一个侧面反映出检察伦理建设的效果，但是这是不全面的，它不能反映出检察人员整体的检察伦理道德水准。此外，各地检察机关对检察人员办案质量的考评，也可以从一个测评中反映出检察人员的检察伦理道德水平是否得到提升，但这也不是直接的，也缺乏全面性。由此可见，缺乏对检察伦理监督的有效检测措施，也是目前各地检察机关检察伦理建设中存在的一个突出问题。

第三节　检察伦理建设发展方向与措施

通过对我国检察伦理建设的现状分析，我们认为，我国检察伦理建设未来的发展必须正确处理好过去、当下、未来三者之间的关系，既要确保检察伦理建设的连贯性，避免推倒重来、另搞一套，也要与当前形势和未来需要紧密结合，探索检察伦理建设规律，谋求一条切实可行的发展之路。进言之，要真正赋予检察伦理建设蓬勃的生命力，关键就是要围绕检察官的主体地位和职业特性开展有针对性的工作，而我国检察官的主体地位和职业特性应当从独立性、专业性、职业性三个方面进行全面把握。其中，独立性是检察官的根本属性，其来源于检察官司法、行政的双重特性；专业性是检察官的职责属性，其来源于检察官履职的基本遵循；职业性是检察官的身份属性，其来源于检察官履职的基本保障。从三者的关系上来看，独立性处于基础性地位，为检察官依法履职提供根本指导；专业性和职业性属于并列关系，同时均从属于独立性，分别为检察官依法履职提供遵循和保障。准确把握好检察官的独立性、专业性、职业性，也是强化检察伦理建设努力的方向和措施。

一、以检察官的独立性为根本，完善检察伦理建设的制度保障

检察官的独立性，可以划分为两个层次：一是检察官的整体独立，二是检察官的个体独立。检察官的整体独立，指的是检察机关依照法律规定独立行使检察权，不受其他行政机关、团体和个人的干涉。这种检察官的整体独立，具有绝对性，是检察机关作为法律监督机关的宪法地位的体现，是检察机关维护社会公平正义的保障。检察官的个体独立，可以从对外、对内的关系上来理解，在对外关系上，检察官代表检察院行使检察权，而非个人行为，其独立性通过检察院的独立性来体现；在对内的关系上，检察官行使职权具有相对独立

性，即检察官在依法办理案件的过程中，不受非法干涉，上级的领导要依法行使指令权。因此，检察官的独立性可以从整体独立与个体独立的角度来观察，也可以通过绝对独立与相对独立的视角来把握，但是，无论如何理解，检察官独立性的终极含义，就是要确保检察院及检察官能够依照法律规定独立行使检察权。

在明确检察官独立性的基础上，有必要进一步阐述其与党的领导的关系。需要明确的是，坚持党的领导与检察官独立性之间并不矛盾。一方面，在检察官独立性的法律内涵中，所要排除的是来自其他行政机关、团体和个人的干涉，而党的领导是为了保障检察工作的正确发展方向，不属于所谓的“干涉”的范围。另一方面，在检察工作中坚持党的领导，并不意味着党会对具体的案件办理进行领导，而是组织领导。坚持党的领导是在确保检察工作的整体方向，并为检察工作的顺利开展提供坚强的政治保证，这对于检察官依法独立行使检察权具有重要作用。因此，在我国的司法实践中，只有坚持好党的领导，检察官独立性才能够得到切实的保障。

在我国，要将检察官的独立性落实到司法实践和检察伦理建设之中，就必须有相应的制度设计作为支撑。我们认为，以下几个制度设计均体现了检察官的独立性，可以确立为检察伦理建设的根基：一是建立完善的检察官办案责任制。检察官办案责任的确立，在一定程度上就是为了在检察官司法办案工作中去行政化，这对于确保检察官的独立性是至关重要的。通过确立检察官在司法办案中的主体性地位，进一步落实好办案责任，实现“谁办案谁决定，谁决定谁负责”，有利于保障检察官能够真正做到依法独立行使检察权。二是探索建立与行政区划适度分离的人民检察院。这是针对当前司法实践中存在的地方保护主义色彩过浓、地方行政机关等其他单位非法干涉较为普遍等情况而采取的相应的对策，同样是为了尽可能减少外部的干扰源，保障检察院、检察官能够依法独立行使检察权。三是实施省级以下检察院人财物的统一管理。在司法实践中，检察院的人、财、物等方面的管理，受制于当地的行政机关，而这种情况是不利于检察机关和检察官依法独立行使检察权的。因此，通过省级以下统一管理，至少在省级以下检察院的范围内实现了与当地行政机关的利益链的割裂，对于促进检察院和检察官依法独立行使检察权具有重要意义。

二、以检察官的专业性为遵循，丰富检察伦理建设的核心内容

检察官的专业性，是指检察官在履行职责时必须具备一定的专业知识、遵循专门的程序规范等专业属性。检察官专业性对于保障检察官依法履行法律监督职责具有重要意义，而保障检察官专业性的重要途径，就是要加强检察官的专业化建设。中共中央《关于进一步加强人民法院、人民检察院工作的决定》明确指出："建设一支政治坚定、业务精通、作风优良、执法公正的司法队伍，是做好人民法院、人民检察院工作的基础和组织保证。要以公正执法为核心，以专业化建设为方向，全面加强人民法院、人民检察院队伍建设，不断提高广大法官和检察官的政治素质、业务素质和职业道德素质。"由此可见，加强检察官的专业化建设，在检察工作中处于基础性地位，这项工作开展的成效直接决定或者影响到检察机关和检察官司法办案、检察公信力等多方面的实际效果。

从内容上看，检察官的专业性可以进一步细化为以下几个方面：一是对检察官基本能力的要求。检察官专业性要求检察官必须具备一定的知识储备和专业知识，这是开展检察工作的最基本要求。同时，检察官专业性是一个需要根据时代发展而不断提升的内容，因此，对于检察官的司法办案能力和素质而言，也应当做到与时俱进。二是对检察官办案流程的要求。检察官在具体司法办案过程中，不能随心所欲，应当严格按照既定的专门程序规范才能进行，这也是程序正义在检察官专业性上的体现。三是对检察官作出决定的要求。检察官从事的司法办案工作，必须有一个最终的处理结果，而不能不了了之，这既是对法律权威性的维护，也是对检察官自身的公信力的保障。因此，检察官的专业性贯穿于法律监督工作的全部过程，是检察官开展法律监督工作所必须遵循的专业要求。

由于检察官的专业性十分重要，应当将检察官专业性确立为检察伦理建设的核心。具体来说，在检察伦理建设中应当加强以下检察

官专业化建设：一是不断提高检察官的法律专业知识。从目前实践来看，要有效提高检察官的专业知识，一方面要把好检察人员的入口，要高标准、严程序来招录检察人员，从而确保检察人员具有较高的法律专业知识。另一方面要严把检察官的选任。在目前检察改革中，各地检察机关都在实行检察官员额制，在选任检察官时，应当严格选任程序，使优秀的检察官能够入额，确保检察官具有较高的专业水平。二是严格规范检察官的办案程序。检察官在办理案件的过程中，追求的是公平正义。为此，不仅要求检察官应当严格按照法律规定的相关程序来履行职责，而且要严格遵守最高人民检察院制定的办案规范，最大限度地体现程序正义。三是要提高检察官的办案质量。检察官追求司法公正，不仅体现在严格遵守程序上，还要体现在实现实体正义上。为此，要通过完善有关制度，加强检察官的业务培训等，不断提高检察官的办案质量，以体现检察官的专业性。

三、以检察官的职业性为保障，突出检察伦理建设的职业特性

检察官的职业性，是指从检察官自身的特定身份出发，在其依法履职过程中所应当享有的相关职业保障。检察官职业性的产生，主要有两个方面：一方面，职业性来源于检察官的身份，检察官作为专门从事法律监督工作的人员，在履职的过程中应当受到相应的制度保障；另一方面，职业性来源于提升检察官的执法办案能力以及司法公信力的现实需求，尤其是针对当前将检察官与司法辅助人员、司法行政人员混同管理的现实情况，进一步提升检察官的职业化程度，目的就是要实施检察人员的分类管理，将检察官队伍切实打造成为素质过硬、作风优良的专门从事法律监督工作的司法官队伍。

检察官的职业性，可以从三个层次来理解：一是检察官的职业性与检察院的特殊性密切相关。正是检察院作为国家法律监督机关的宪法定位，才赋予了检察官职业性的法律根基。二是检察官的职业性与检察工作的规律性密切相关。检察工作具有较强的规律性，检察官的职业化就是为了顺应检察工作规律，确保检察官在司法办案的过程中能够实现统一、规范。三是检察官的职业性与检察人员的分类管

理密切相关。检察官的职业性需要通过检察人员分类管理等制度来予以推进，切实将检察官队伍与司法辅助人员、司法行政人员等其他检察人员区分开来，以便建立专门的职业保障。

在检察伦理建设中要突出检察官的职业性，应当做好以下几方面的工作：一是检察官的入额条件。当前检察官的任职门槛相对较低，导致检察官队伍的整体素质不高。在司法改革的过程中，要提升检察官的职业化程度，关键是要严把检察官的入口关，即在限定的员额内，要通过严格的标准和程序，遴选高素质的检察官。二是建立检察官专门的晋升通道。检察官的职业性要求检察官具有单独的专业职务序列。但在当前的司法实践中，检察官的等级晋升与其行政级别密切相关，因而造成了检察官为了晋升而不得不选择放弃检察官身份而追求行政级别的情况。因此，检察官的职业性要求建立检察官单独排序，明确检察官晋升的条件和程序，确保检察官专门的职业性。三是完善检察官的职业保障。在建立完善检察官等级制管理的基础上，要进一步完善检察官的职业保障制度，将检察官的等级与检察官薪酬形成对应，建立以专业等级为基础的检察官薪酬制度，形成科学合理的检察官职业保障机制。

第三章　检察观念建设

文化是一个民族赖以存在的基础，而一切的社会问题在一个民族的历史上都有着深厚的“文化之根”。人类依托自然结成社会并在实践中创造文化。文化被人所掌握并在实践中改变自然、社会和人。在以“自然—社会—人—文化”的动态结构中，文化担当着双重角色。它既是人类和社会创造的精神成果观念系统，通常称为“文化观念”，又是改变自然、社会和人的能动力量，即“文化力”。[①] 文化是文化观念和文化力即观念系统和能动力量的统一。因此，文化问题也就是一个民族的价值观念体系和社会生活体系如何有机结合与发展的问题。这两个体系的发展规律归结到一点就是，人类社会的思想和实践在不断地演变，它是动态发展着的，也是历史继承的。

文化观念系统揭示着文化的本质和内涵，是文化的基本要素。从逻辑上看，文化观念是文化形成、建构的出发点，逐步过渡并作用于文化的其他形式。从文化发展的辩证统一的历史进程来看，人类在劳动中形成的关于外物及自身的最初意识，是文化观念的最早萌芽，它的运用和成果则是文化功能的最初显现。文化观念无疑是文化建构和建设的前提和基础，同样，检察文化也是检察机关的价值观念体系和检察官工作、生活体系如何有机结合与发展的思想和实践问题，因此，检察观念建设在检察文化建设中居于重要乃至核心的地位。

---

① 参见肖前：《马克思主义哲学原理》（下册），中国人民大学出版社1994年版，第126页。

第一节　检察观念建设的理论分析

一、检察观念概念辨析

检察观念，即检察职业观念，包括理念、思想、理论、价值观念等，是检察文化较高层次的存在形态，包含着人们对检察机关及其职能的认识和反映，也包含着人们对检察工作的期待和要求，以及检察人员的价值追求和精神生活。[①] 检察观念是检察文化的核心，是对检察活动内在规律的一种总结和理性认识，是在检察工作实践中形成、贯彻于整个检察活动并指导整个检察实践的理论观念，具有自身特点的核心价值、执法理念、道德规范和行为准则的综合。检察观念是检察文化的灵魂，是在长期实践和历史积淀中形成的相对稳固的部分，同时，它要不断地反映时代精神和检察工作的新要求，所以也是检察文化中最活跃的成分，时常处于创新和变化之中。检察观念和检察文化活动实践相辅相成、互相促进。检察文化活动实践催生检察观念的树立与发展，检察观念决定检察文化活动实践的品位和先进性，检察观念的运行可以增强检察文化活动实践的底蕴。

这里需要指出的是，“观念”和“理念”的区别。观念是人们对事情的主观与客观认识的系统化之集合体。人们会根据自身形成的观念进行各种活动。利用观念系统（观念体系）对事物进行决策、计划、实践、总结等活动，从而不断丰富生活和提高生产实践水平。观念具有主观性、实践性、历史性、发展性等特点。形成正确的观念和观念清晰（观念可视，能用文字清晰表达）有利于做正确的事情，提高生活水平和生产质量。观念从通俗意义上来理解，就是人们在长期的生活和生产实践中形成的对事物总体的综合的认识。它一方面反映了客观事物的不同属性，同时又加上了主观化的理解色彩。所以，正确理解观念是人们对事物主观与客观认识的系统化之集合体；观念是决定整个人生或国家社会宏观层面的观点、信念。比如共产主

① 参见张耕主编：《检察文化初论》，中国检察出版社 2014 年版，第 90 页。

义人生观、正确的价值观、科学发展观、坚持走社会主义道路的观念，等等。对于个人，观念表现自己的理想、道德，从而体现自己的品质；对于国家和社会而言，观念则表现发展的方向和目标。也就是说，观念是对人的整体或总体的一种思想规范。

理念，在柏拉图哲学中，它（译作“理念”）是指永恒不变的真实的存在，是人脑对感性事物的完善的样本或模型化的结果。感性事物则是对它的不完善的摹写或模仿。新柏拉图主义者如普罗提诺、基督教神学家如奥古斯丁，都认为理念是现象世界的完善的模型，但说它存在于宇宙精神中。理念是决定具体或微观层面的思路、原则等。如个人在学习中，坚持勤学好问的理念，在生活中坚持尊老爱幼的理念；对于北京奥运会，则坚持科学奥运的理念，对于区域经济发展坚持比较利益的理念等，都是对具体或局部、短期行为的一种思维方式的规范。

观念与理念密切相关，没有观念就没有理念发（产）生。观念一经确立，就不能轻易动摇和改变。而理念，有时随着发展和变化，是可以调整的。

一般认为，文化是由道德、宗教、科学、哲学等形式所构成的观念系统。在唯物史观创立之前，西方历史观或历史哲学的基本特征，是把某种形式的文化观念，如苏格拉底关于“至善”的道德观念、黑格尔关于“绝对理念”的哲学观念，看成历史发展的根本动力，并以此为基础来说明人类社会的各种现象。

检察观念是检察文化的重要组成部分，是检察文化活动的普遍范式和形态共相。检察制度的构建和检察活动的开展，检察观念是其根本的宗旨性的意识形态，是主导的价值观。检察观念影响一个国家的检察制度。有什么样的检察观念，就有什么样的检察制度。有什么样的检察制度，也会形成什么样的检察观念。检察工作的实际运行是否符合检察制度设计的要求，也取决于检察人员是否具有检察制度所要求的检察观念。检察活动能否实现现代化、法治化，不仅取决于司法体制和检察制度是否具有现代化、法治化，还取决于检察人员是否具备了现代化、法治化的检察观念。检察观念还构成了社会和人们对检察活动的全部感情，社会接受什么样的检察观念，就相应地形成什么样的检察活动的主流意识，进而影响检察活动机制的形成。先进的检察观念促进社会发展。检察观念作为一种意识形态，指导着检察人员的检察活动。先进的检察观念能够促进人的发展，使人的行为符合社会发展的需要，能够得到人民的支持，而与时代悖逆的观念、违背社会发展的价值观，必定会遭到民众的抛弃，以这种检察观念为指导的检察活动也会对社会造成伤害。

二、检察观念结构分析

检察观念是一个有机的、具有内部结构和外在层次的、充满生机活力的整体系统。从纵向结构上看，检察观念可以划分为检察心理和检察思想体系；从层次结构上看，检察观念可以划分为检察意识、检察理念、检察理论和检察精神；从横向结构上看，检察观念可以区分为检察执法观念和检察管理观念等。① 可见，检察观念的结构具有层次性和多样性。

1. 检察观念的层次性。作为司法权组成部分的检察权，在运行过程中产生的检察观念并不是单一的，而是具有一定的层次性，即检察观念既具有司法观念文化的共性，还有检察观念的个性与特性，同时还具有在具体检察业务活动中的表现方式、强调重点、核心价值的不同。在检察观念的层次中，上一层次的观念指导和规范下一层次的观念，下一层次的观念必须体现上一层次观念的要求和精神。这些层次鲜明的检察观念构成了多样性的统一。

2. 检察观念的多样性。从总体上来说，检察观念既有统一的原则性，又有多彩的丰富性。首先，由于不同国情和历史传统的差异，每一个法治国家都有自己的检察观念。这些检察观念各具鲜明特色，体现了本国的检察特质及其历史脉络。而每一种检察观念都蕴含着一种主流的价值取向，并通过检察观念得以具体的体现，进而在实际运作中得到贯彻。其次，检察观念是检察文化的灵魂和核心所在，需要付诸其他文化载体的传播和实施。由于检察职能的多样性，各个业

---

① 参见张耕主编：《检察文化初论》，中国检察出版社 2014 年版，第 92 页。

务部门的理念有时要求并不统一，这也必然决定了检察观念的多样性。再次，作为检察观念的实践者和创造者，每一名检察人员在行使检察权的过程中，不仅会受到主流检察观念的引导，还会在检察业务活动中表现出他们的检察工作理念。最后，检察观念在社会上的宣传、推行和传播，会形成社会大众对检察观念及其业务活动的理性认知，久而久之也就形成了大众化的检察观念类型。

三、检察观念自身特征

检察文化是在中国特色先进文化的基础上形成的一种特殊的文化形态。文化的共性要求检察文化必须在指导思想、价值取向和实践功能等方面，遵循中国先进文化的基本要求和原则。但“作为国家的专门法律监督机关”的本质归属又决定着检察文化建设还必须保持自己的鲜明个性，遵循自身发展的规律。具体来说，检察观念具有以下特殊属性：

1. 固有的政治性。检察观念作为检察机关理想信念、价值观的集中体现，鲜明地体现着检察机关的性质和政治本质。中国特色检察文化工作是以马列主义、毛泽东思想和中国特色社会主义理论体系、“四个全面”战略思想为指导的，检察观念是形象化的政治工作。检察观念既要提高思想政治教育的效果，又要满足干警的精神需求，提高干警的人文素质和文化信仰，以保证马列主义、毛泽东思想和中国特色社会主义理论体系、“四个全面”战略思想在检察机关思想观念阵地的主体地位不动摇，这正是检察机关文化软实力建设政治性的集中体现。

2. 观念的先进性。检察观念具有先进文化的方向性，这种先进性是由法律和文化在社会管理中的地位所决定的。因此，由法律和文化相融而成的检察观念就必然成为具有中国特色社会主义先进文化的重要组成部分，体现社会主义核心价值体系思想，是依法治国基本方略和社会主义法治理念的具体体现，是和谐文化的基础内容。此外，法律本身既是一种社会规范，也是一种人类文明制度和社会文化现象。传播法律知识和法治精神，就是在传播先进文化，传播社会文明。检察观念应当具有不同于一般社会观念的先进性标准。文化工作通过其审美功能和感染作用，对干警的思想、道德情操、生活方式，以至整个精神面貌产生积极影响；通过同思想教育工作的有机结合，达到净化心灵、陶冶情操，增强免疫力。这对保持干警的思想纯洁性，保持人民性具有重大的作用。

3. 内容的品位性。检察观念所倡导的是法律制度及法律实施的科学性、文明性，即通过实行良法善治来提升法律制度的尊严性和法律实施的公信力，也就是在法律制度和法律实施两个层面上提升其文化品位和文明程度。检察观念是以有内涵、有品位的文化作为载体进行法律实施和法治精神传播的，同时，检察观念所具有的通俗性和品位性，直接体现了以人为本的原则，可以使广大干警喜闻乐见、雅俗共赏、寓教于乐。检察观念蕴含着法治精神，法治精神是法治观念的结晶。通俗地说，就是能够将严肃的法律内容上升为一种人类文明崇尚精神，能够将法律的强制性变为一种生活的警示性和人生的醒世性，营造出一种理性下感性生活的环境和氛围。

4. 特有的监督性。检察观念必然蕴含着某种法律价值取向，这是由检察权的使命所决定的。检察机关是国家利益和人民利益的捍卫者，是具有法律监督职能的司法机关，因此，只有从法治精神、法律价值高度上来确立检察观念的价值定位，才会真正产生符合职业价值取向的富有鲜明法律个性的检察观念。

5. 巨大的凝聚性。检察观念建设特别需要凝聚力和向心力。文化工作在增强机关的吸引力和凝聚力方面，具有不可估量的作用。随着文化程度的不断提高，干警对精神文化生活的需求更为迫切。通过健康丰富的文化活动，多方面满足他们的精神文化需要，能够使检察事业对干警具有强烈的吸引力。

6. 传播的渗透性。检察文化具有喜闻乐见、寓教于乐、耳濡目染、潜移默化等所特有的传播性、引导性和渗透性，能够通过寓教于乐的文学艺术形式和快捷辐射的新闻媒体、社会载体，开展法制宣传教育活动；在贴近时代、贴近群众、贴近生活的过程中，提升受众的关注度和兴奋点，并通过寓教于乐的方式传播法律知识和法治理念，起到润物无声、深入人心的作用。检察文化作为法律传播的一种文明方式，具有强烈的感染力、感召力和震撼力。

7. 精神的崇尚性。检察观念本身能够折射出一个国家的信誉、法律的威严和公民的尊严，能够体现出社会尊崇法律、弘扬法治的文明精神程度。检察观念旨在培育检察人员检察意识，影响其生存理念及生活方式。倡导检察观念可以将法律知识寓于思想传播之中，从而把法律制度和法律知识转化成法律意识、法治理念和法治精神，培养追求公平正义的价值观，把尊崇和信仰法治的精神融入干警的血脉之中，自觉地维护法律的权威和尊严，让法治文明成为检察人员日常的生活状态和生活习惯。

四、检察观念核心价值

检察观念反映检察人员这一特殊群体共同的价值标准、审美观念、思维方式和群体趋向。它既是这一群体的精神及物质文化水平的高度概括，又体现着这一群体精神和物质文明建设的成就和标准，而其核心价值观却决定着检察文化的内容是否合适与方向是否准确，从而成为检察文化存在与发展的根本基石。检察观念建设的内核是构建一整套价值理念体系。

一般来说，组织文化是一个组织中所有成员所共享，并作为公共信息规则传授给组织成员的一套价值观、指导信念、理解能力和思维方式的总和。组织文化有两个层次：表层的物质文化和深层的精神文化。物质文化是可以看见的物质形象和可以观测到的行为，如组织的制服（穿着）、礼仪文化等。精神文化是看不见的价值观、信念等思想理念。物质文化反映了精神文化，而精神文化决定着物质文化的外在形式。价值观是判断是非曲直、真善美与假丑恶的价值准则。价值观是判断好坏的标准，也是指导人们行动的指南。价值观在社会文化中居于核心地位，是社会文化的精神之所在。不同文化间的差异最主要的是价值观的差异，不同文化间的冲突最主要的是价值观的冲突。核心价值观则在整个组织文化体系中居于核心的地位，是组织文化能否对组织运行发挥正面作用的关键。核心价值观的确立与落实也是组织文化塑造的核心内容，关系到组织文化的成败。

我国检察文化作为社会主义文化的一个有机组成部分，既要遵循社会主义文化发展的客观规律和共同准则，也应该有自己的特色。

检察文化反映检察人员这一特殊群体共同的价值标准、审美观念、思维方式和群体趋向。而其核心价值观却决定着检察文化的正确方向。塑造与发展检察文化的核心价值观，是拓展、深化、丰富检察文化的题中应有之义。检察文化的核心价值观应该是占据广大检察人员思想阵地主流的、积极的主导价值观，积极履行法律赋予的检察权，保证在全社会中实现公平正义是检察文化的核心价值观。离开检察机关行使检察权的神圣使命和职能，检察文化便无从谈起，便会失去重心而无法起到正确导向、群体融合、凝聚人心的文化功能，其文化的个性也会荡然无存，最终沦为一种行业文化。

在检察机关弘扬先进的检察文化，在检察人员的价值观培养过程中，要坚持以社会主义核心价值体系为指导，构建检察观念的价值导向体系。社会主义核心价值体系包括四个方面的基本内容，即马克思主义指导思想、中国特色社会主义共同理想、以爱国主义为核心的民族精神和以改革创新为核心的时代精神、以“八荣八耻”为主要内容的社会主义荣辱观。这是构建检察观念的价值导向体系的基本内容。通过核心价值观教育，使检察人员明确自己身上的责、权、利，树立正确的职业态度和遵守职业规范的意识，使职业道德的培养由自发上升为检察人员自觉的行动。同时，在尊重个人生活领域的前提下，更应该强调对检察人员个人价值观的正确引导。时代的多元化，个性价值的日益突出，多种文化因素的纷纷导入，决定着检察文化的核心价值观更多地受到个人价值观的影响和制约。“八小时之外”的丰富生活，就很可能是对检察文化核心价值观的挑战。落后文化与腐朽文化的侵袭，往往就是从个人价值观领域开始的。人的内心世界是丰富的，也是无法监测的。在公共领域内的活动并不能完整地体现个人价值观的丰富与隐秘。因此，在塑造与发展检察文化核心价值观的过程中，要注意解决好以下主要问题：

一是注重领导者的表率作用。在一个组织中，领导者的模范行动是一种无声的号召，对下属成员起着重要的示范作用。因此，要塑造、发展和维护检察文化的核心价值观，领导者本身就应是这种价值观的化身。他们必须通过自己的行动向全体检察人员灌输检察文化的价值观念。领导不仅要坚定信念，在每一项工作中体现这种价值观，而且要注意与下属成员的感情沟通，重视感情的凝聚力量。以平等的真诚友好的态度对待下属成员，就会取得他们信任。

二是加强检察文化的培训，注重行为习惯的养成。美国著名心理学家威廉·詹姆斯说："播种一种观念，收获一种行为；播种一种行为，收获一种习惯；播种一种习惯，收获一种性格；播种一种性格，收获一种命运。"如果把检察机关看作一个生命体，那么，她的命运也要取决于其"性格"——文化品格。而这种文化品格，无疑就具体生动地体现在每一个干警身上。因此，要持续对干警进行培训，让干警逐渐接受检察文化。培训是促使文化塑造与变革的一个重要措施，通过专门培训，让干警知道什么是检察文化，检察文化有什么作用，为何实施文化塑造与变革，检察文化对干警有什么要求。还可利用各种舆论工具，如局域网、闭路电视、标语、板报等大力宣传检察文化的价值观，使干警时刻都处于充满检察文化价值观的氛围之中，通过耳濡目染来达到渐入干警心中。

三是建立激励机制，巩固检察文化。价值观的形成是一种个性心理的累积过程，这不仅需要很长的时间，而且需要给予不断的强化。人们的合理行为只有经过强化予以肯定，这种行为才能再现，进而形成习惯稳定下来，从而使指导这种行为的价值观念转化为行为主体的价值观念。因此，检察人员行为应当是检察文化的具体化和形象化，要鼓励检察人员与检察文化相融合，使其明白检察文化价值观在鼓励什么，在反对什么。要把精神激励与物质激励结合起来，使检察人员行为由于检察文化的不断强化而稳定下来，自然地接受这种行为的价值观念，从而使检察文化的价值观念为全体干警所接受，形成优良的检察文化。

第二节　检察观念建设的现实意义

一、检察观念建设是检察机关管理科学的要求

发达国家的历史证明，科学技术和科学管理是现代社会发展的两大车轮。新时期以来，我国各行各业科学管理水平不断提高，但与

发达国家相比，还有很大距离，也难以适应新形势下艰巨任务的需要。随着深化司法改革，检察机关不仅要建立、完善严格的规章制度，实现管理方法、手段的现代化和科学化，更重要的是要将管理活动与检察观念建设很好地结合起来，使全体检察人员牢固树立正确的思想、价值观念，从而使科学的制度、手段发挥应有的作用。

社会发展始终在追求一种有效能的、进取型的管理方式，而管理方式的好坏取决于相应的文化特征。由于检察机关的特殊性，检察文化体现的更多是一种领导指挥型文化。然而，从目前检察机关队伍的情况来看，年轻干警多、学历高、视野开阔、思想活跃。检察文化建设在对内部管理上，必将从领导指挥型转向管理服务型。与之相适应，检察文化管理的关注焦点，必将转到更根本的文化建设上来。管理既体现一定文化的活动，又受一定文化的规范制约。没有对检察文化及其所依托的社会文化的深刻理解，不仅不可能有成功的管理，而且难以把握现代化这一动态过程中检察文化发展的正确指向。所以，研究检察观念建设既是优化检察管理，确保检察管理成功的需要，更是总结分析经验教训、顺应现代化建设的要求。

二、检察观念建设是检察机关体制改革的需要

全面推进依法治国是国家治理的一场广泛而深刻的革命，司法体制改革是这场革命的重头戏。检察文化是有效促使检察系统内部高度整合的“凝聚剂”，也是引导自身持续发展的深厚“驱动力”。从历史上看，检察机关进行了多次机构改革，取得了一定的成果。司法体制改革与任何改革一样，也是一场革命。变革的目标就是提高检察机关的工作绩效，最充分地调动检察人员的积极性，发挥好检察职能，忠实履行好维护社会大局稳定、促进社会公平正义、保障人民安居乐业的职责使命。在改革的过程中，不仅要注重转变检察机关组织结构，精简人员，制定新制度，引进现代管理方法和技术，更重要的是要从心理、价值观、思想上进行变革和建设，使检察人员树立新的观念、新的价值准则，保证改革取得较好成效。在新的历史阶段，我们面临的改革已不仅是体制的革新、机构的精简和职能的转变，而且在深层意义上，它蕴含着整个检察体系文化环境的变迁与创新，涉及

价值观念的交替与更新。就此而言，检察观念建设对司法体制改革起着至关重要的作用。

三、检察观念建设是检察机关形象建设的保障

在现代社会，组织形象的构建已成为社会组织生存和发展的一个重要管理战略。作为社会管理组织重要组成部分的检察机关，其良好形象是一种无形的资产和力量，它能够给检察机关带来威信和巨大的社会影响力。检察观念建设是一种软资源，它不仅决定了检察人员的行为方式和人格特征，还体现了检察人员的精神作风及外在形象。过去以保守性、封闭性和权威性为特征的文化营造出的检察机关形象必然是高度集权、效率低下、官僚主义。新时期以来，检察机关形象呈现全新的面貌，令人耳目一新。但由于转型时期政治经济体制不健全，监督制度不完善，再加上市场经济大潮的影响，检察人员存在一些特权思想、衙门习气、霸道作风等问题。然而，全面推进依法治国提出了“平等是社会主义法律的基本属性、公正是法治的生命线、法治重在规范和约束权力”等新观点、新理念，这就必然要求检察机关改变以往的观念，重新塑造严格执法、公正司法的机关形象。但是，重塑形象并非一蹴而就，它需要培养出适应依法治国要求的新型检察文化，以促进检察机关的组织机构与管理体制的现代转型，进而推动司法体制的革新与变迁。因此，加强检察观念建设是检察机关树立公信力，加强形象建设的根本保障。

第三节　检察观念建设的变革发展

检察观念的变革与发展受制于国家、社会整体的变革与转型。这些变革与转型包括经济、政治、文化和社会结构等方面。国家、社会整体的变革与转型不仅对社会产生了重要影响，还对法律理念进而对法律制度和法律实践产生深刻的影响，引发一系列的司法改革浪潮。在这一过程中，社会转型决定着检察观念的变革与发展，检察观念的变革与发展又促进了社会的转型与发展。

影响检察观念变革与发展有内外两方面的因素。其中，外在因素

包括：(1) 党和国家的政策因素。检察制度是政治制度的组成部分，属于上层建筑范畴。检察机关必须接受党的领导，自觉接受党的监督，把党的主张和人民意志落实到具体的司法实践中。因此，党和国家的政策是决定检察观念的首要因素。(2) 不同社会力量的影响。不同利益阶层代表不同群体的利益，直接或间接影响检察观念和检察实践活动，并在其中发挥着不可忽视的力量。(3) 社会舆论的压力。社会公众普遍以伦理、感情和常识判断所谓的公平正义。这种非理性的公众法律认识与检察工作的独立性与专业性也会形成张力和冲突，影响检察观念的变革发展。内在因素包括：检察人员的法律专业知识背景和检察权的具体运用过程。法律专业知识背景是检察机关区别于其他社会系统的主要标志，也是保持独立，排斥外来力量介入的正当理由；而检察权的具体运用则受制于检察人员的理念。

检察观念的变革与发展直接影响到检察制度和检察实践活动，同时，检察制度和检察实践活动也反作用于检察观念变革与发展。回顾当代中国检察观念的变革与发展，总结其成败得失、发展规律，对当下的检察改革和检察事业的创新发展无疑大有裨益。从历史唯物主义的实践角度来看，我们可以从以下三个方面来认识检察观念形成与变革的含义：一是从社会整体结构的变迁上看，检察观念的演变也是社会整体思想变迁的反映，当然这是一种能动的和辩证的变迁，而不是一种机械的运动；二是从法律理念变迁上看，检察观念的演变是整个法律理念的演变过程，即检察观念的演变直接体现在我国整个法律理念的实践活动中，而不是单纯的存在于检察领域的精神活动；三是从社会文化上看，检察观念的变革过程是一种社会文化领域的思想运动，而不是某一个学者或者某一领导人的思想反映，或者说，检察观念的变革体现的是一种法律人或者检察官群体的集体文化意识和理念。基于以上三点，我们可以将检察观念的变革发展分为以下四个阶段。

一、法律工具主义主流下的检察观念迷失阶段（1949—1957 年）

1949—1957 年，新中国成立初期，虽然制定了具有临时宪法性质的《共同纲领》、1954 年《宪法》等一些法律，但从根本上讲，仍然是法律工具主义价值观时期，即法律是为巩固新生政权服务的，是统治阶级进行统治的工具。

在这一时期，法治建设主要表现在：（1）把法律看作控制社会的“阶级斗争的工具”和“专政的工具”。（2）强调法律为政治服务，把法律看成是政治的附庸，许多机构的命名都冠以“政法”二字，如政法机关、政法学院等。（3）在立法过程中，对西方法治理念一概排斥。（4）在法律的调整范围上，不够全面系统，形式上不够规范，诸多重要的基本法律如刑法、民法、诉讼法等没有制定。（5）干部与群众法律观念淡薄，不尊重法律、有法不依现象时有发生。可见，这一时期的法治建设是成绩与失误并存交织的时期。

在这一时期，检察机关高举阶级斗争的旗帜，热情万丈地和全国人民一道投入镇压反革命、“三反”、“五反”、反右派等一个又一个的运动中。在阶级斗争这一旗帜之下，检察机关偏离了法律监督的工作主题。在 1955 年肃反运动中，开始采取公、检、法三机关联合办案的方法。检察机关与公安、法院只讲配合，联合作战，所谓“三马齐出动，拧成一股绳，下去一把抓，回来再分家”。在偏离工作主题的同时，检察机关的工作方式也与其他部门趋同。例如，随着生产领域“大跃进”的提出，政法战线提出也要进行“大跃进”，也要“多、快、好、省”，要求以尽可能少的人力、物力办尽可能多的案件，逮捕和起诉尽可能多的罪犯，而不受程序的限制。

这一时期，检察文化建设取得了初步发展，主要表现为检察制度的确立、检察组织机构的确立和检察机关一定程度上的规范化。同时，检察机关紧紧围绕党和国家的大局开展工作，为巩固人民政权、社会改革和经济发展作出了积极贡献。但在工作主题和行为方式上却丧失了法律监督的属性，混同于其他社会部门，以至于长期没有自己的工作方针，更谈不上独立的检察理念。精神的迷失往往导致肉体的消亡。检察机关这样的职能作用，给人以可有可无的印象，在 1951 年、1957 年曾两次面临被取消的危险。

二、法律虚无主义下的检察观念发展中断阶段（1958—1977年）

这一时期，受法律虚无主义的影响，检察观念发展处于中断阶段，其主要表现在：（1）人治思想、法律虚无主义思想占据主导地位。（2）人民代表大会制度陷入瘫痪，立法工作基本处于停滞状态。根据1954年《宪法》规定，每届全国人大的任期为四年，但第二届人大的任期达6年零7个月，第三届人大任期长达十年之久。宪法规定，全国人大每年应召开一次代表大会，但第三届全国人大10年间，只召开过一次会议。从1957年至1976年，享有最高立法权的全国人民代表大会仅通过一部法律性文件《1958年到1967年全国农业发展纲要》和一部存在严重错误的宪法即1975年《宪法》。（3）司法体制遭到严重破坏。司法部、国务院法制局被撤销；最高人民法院、最高人民检察院和公安部被命令合署办公，由公安部党组统一领导。（4）法律完全被最高指示、政策所取代。尤其是1966年开始的“文化大革命”，是一场错误发动，被反革命集团利用，给党、国家和各族人民带来严重灾难的动乱。

在这一时期，我国法律建设遭到彻底毁灭，主要表现在：（1）由宪法和一些基本法律确立的政治体制陷入瘫痪状态。其最明显的表现是被宪法确定为国家最高权力机关和立法机关的全国人民代表大会及其常务委员会，几乎完全停止工作，取而代之的是毫无宪法根据的“文化革命小组”、“文化革命委员会”。（2）司法体制被彻底破坏。“文化大革命”前，司法组织业已遭到破坏。1966年8月以后，全国各级公安、法院、检察院机构先后被彻底地毁坏。“砸烂公检法”成为林彪江青反革命集团的一大口号，并迅速推广到全国。各级公检法机构都被视为是“从资本主义国家搬来的”，与党的领导、与毛泽东主席对抗的“旧机器”。（3）肆意否定社会主义司法制度和原则。从20世纪50年代中到60年代初，我国建构了较为符合法治要求的司法制度和原则，如审判独立或独立行使职权原则、公民在法律面前人人平等原则、辩护制度、公开审判制度等。“文化大革命”开始以后，这些制度和原则被全部否定。（4）宪法赋予的公民权利和自由被非法践踏。“文化大革命”期间，与公民基本权利和自由有关的法律法规，包括1954年《宪法》都形同废纸，正当法律程序完全被抛弃。从国家主席到普通百姓被非法逮捕、监禁以致迫害致死，非法抄家、捕人、游街、刑讯逼供以及各种形式的“学习班”限制人身自由的事例屡见不鲜。

三、法律功利主义下的检察观念拨乱反正阶段（1978—1996年）

1978年，中共中央召开了十一届三中全会，以邓小平为核心的党的第二代领导集体，深刻反思了“文化大革命”的沉痛教训，作出了中国社会主要矛盾是人民日益增长的物质文化需要同落后的社会生产之间的矛盾（而不是对抗阶级之间的矛盾）的正确判断，提出判断改革开放和各项社会主义建设的是非得失，归根结底，要以“是否有利于发展社会主义社会的生产力，是否有利于增强社会主义国家的综合国力，是否有利于提高人民的生活水平”为标准。这就是邓小平著名的“三个有利于”的原则。

在这种思想指导下，这一时期的法治建设呈现以下特点：（1）重视法律制度建设。邓小平特别强调制度的“根本性、全面性、稳定性和长期性”，认为“制度是决定因素”。从1979年至1999年，国家制定了一部宪法（1982年）和351个法律（246个）与法律性的决定。（2）强调法律对经济建设的作用。社会主义法律应当以解放和发展生产力为首要目的，以谋取最大多数人的利益与幸福，达到共同富裕为最终价值目标。这样就使法律从阶级斗争的狭隘领域中解放出来。（3）立法过程中借鉴人类的一切优秀成果。不论其姓“社”姓“资”、姓“公”姓“私”，只要符合“三个有利于”原则，都可以拿来和移植过来。（4）立法中注重经验积累。即把改革开放中一些比较成熟的经验上升为法律，用法律固定下来，这就使法律具有很强的实用性。

在这一时期，影响检察观念变革的有两件大事：一是对“文化大革命”的反思及其开启的中国“第二次思想启蒙”。十年动乱使人们认识到认识到法制对国家和个人的极端重要性。“没有社会主义法制，社会主义制度，人民的合法的自由和权利就都没有保障。”理论界围绕法治与人治、法的本质属性等问题展开了大讨论，突破了长期以来禁锢人们头脑的思想禁区，促成了民主法制、权力制约、司法独立和权利保护等思想的传播。二是党和国家工作中心的转移，即以经济建设为中心，实行改革开放。中共十一届三中全会明确提出了社会主义民主法制建设的基本方针：“为了保障人民民主，必须加强社会主义法制，使民主制度化、法律化，使这种制度和法律具有稳定性、连续性和极大的权威性，做到有法可依，有法必依，执法必严，违法必究。”这表明法律思想进行了拨乱反正，共和国法治建设的春天已经到来。进入 20 世纪 80 年代后，我国立法不仅速度快，数量多，而且质量不断提高，如 1979 年通过的《人民检察院组织法》，第一次明确了人民检察院是国家法律监督机关的性质定位，奠定了人民检察制度发展的制度基础。

在这一阶段，检察理念中的阶级斗争意识形态色彩渐行渐弱，直至彻底消失，占主导地位的检察理念是严格执法，强化法律监督理念：(1) 严格执法理念。经过对“文化大革命”的沉痛反思，“有法必依，执法必严”得到了民众的普遍接受。为了促进严格执法，最高人民检察院根据宪法和法律，出台了许多法律解释，如 20 世纪 80 年代初，为了打击经济犯罪，最高人民检察院先后颁发《关于当前办理经济犯罪案件中具体应用法律的若干问题的解答（试行）》、《人民检察院直接受理的经济检察案件立案标准的规定（试行）》和《人民检察院直接受理侦查的刑事案件办案程序（试行）》等，规范了经济检察工作，为严格执行刑法提供了具体准则。全国检察机关严格按照法律规定，严厉打击经济犯罪，惩治贪污贿赂，并于 1993 年提出了“严格执法，狠抓办案”的检察工作方针。(2) 法律监督理念。依据 1979 年《人民检察院组织法》关于检察机关法律监督的定位，全国检察机关开展了侦查监督、审判监督和执行监督，在打击犯罪的同时保护了无罪的人不受法律追究。1988 年 4 月，最高人民检察院的工作报告指出：“在办理各类案件中，我们坚持了公、检、法三机关分工负责，互相配合，互相制约，不搞‘联合办案’，避免职能上互相混淆，互相代替。对侦查、审判、监管改造活动中有违法制的行为，都依法予以纠正。这些做法说明，只有严格依法进行法律监督，才能维护法律的正确实施。”同时，检察机关还开展了民事和行政诉讼的检察监督工作，促进了民事、行政诉讼司法公正。但是，也应当看到，这一时期重实体轻程序的思想还很严重，特别是在“严打”斗争期间，为了打击严重犯罪，片面强调“从重”、“从快”，对诉讼程序遵守不够，导致办案质量下降的现象。

四、法律至上主义下的检察观念法治阶段（1997 年至今）

20 世纪 90 年代中期以后，中国社会发生了深刻变化，集中表现为利益群体的多元化和价值观念的多元化，人民群众的权利意识、监督意识不断增强。“既然社会结构和精神结构发生了本质变化，已经多元化了，那么制度设计也就应该重新加以审视和考虑，要在市场经济和公民社会的基础上重构法律体系”。党和政府顺应时代变化，“依法治国”、“尊重和保障人权”先后写进《党章》和《宪法》，标志着党领导人民治理国家理念的转变，意味着要用法律来约束党和政府，意味着把保障人权已成为党和国家的重要使命。约束权力、保障权利正是法治的真谛。一个以宪法为统帅、部门齐全、体例科学的中国特色社会主义法律体系基本形成，这标志着我国法治建设进入了新的发展阶段。

1997 年 10 月召开的中国共产党第十五次全国代表大会，明确提出了依法治国和建设社会主义法治国家的治国方略。1999 年《宪法》也写进了“实行依法治国，建设社会主义法治国家”。2002 年党的十六大报告首次提出“社会主义司法制度必须保障在全社会实现公平和正义”。2006 年中央政法委在全社会开展社会主义法治理念教育活动，进一步强调“维护和实现公平正义是政法机关的神圣职责”。党的十七大报告也指出：“加强宪法和法律实施，坚持公民在法律面前一律平等，维护社会公平正义，维护社会主义法制的统一尊严权威。”2012 年 11 月，党的十八大提出了“全面依法治国”的战略方针。2014 年 10 月 23 日，中国共产党第十八届中央委员会第四次会议通过的中共中央《关于全面推进依法治国若干重大问题的决定》，是党的历史上第一个关于加强法治建设的决定，也标志着治国理政正在走向法治的根本性变革，这体现了中国逐步走向法律至上主义的理念。所谓法律至上主义理念，就是把法律从工具、从制度变成治国的理念，即保障人权，自由民主的理念。这是法治理念从“工具论”到“至上论”的质的飞跃，标志着我国的法治建设进入了一个新的历史发展阶段。从“任何人都没有法律之外的绝对权力”到“凡属重大改革都要于法有据”，从“努力让人民群众在每一个司法案件中都感受到公平正义”到“法律的生命力在于实施，法律的权威也在于实施”，无不体现了法律至上的精神。十八大以来，习近平总书记在多次讲话和考察中，从不同领域、不同层次阐述全面依法治国的理念和要求，如 2014 年 10 月 23 日，他在十八届四中全会第二次会议上强调：“全面推进依法治国，是着眼于实现中华民族伟大复兴中国梦、实现党和国家长治久安的长远部署，既是立足于解决我国改革发展稳定中的矛盾和问题的现实考量，也是着眼于长远的战略谋划。”可见，十八大以来，党和国家建设的方方面面，在前所未有的广度和深度上，都在朝着法治化不断推进。

在这一阶段，检察观念随着我国依法治国战略的提出，也不断发展完善，确立了“强化法律监督，维护公平正义”的检察工作主题，这体现了现代法治理念。根据我国社会主义法治的理念要求，检察观念的法治内涵主要包括以下内容：（1）法律监督理念。这一时期检察工作的法律监督的属性更加凸显，主要表现在：一是丰富了监督内容。在重点加强对有案不立、裁判不公、违法减刑、假释等问题进行监督的同时，把量刑监督作为审查起诉工作的一项新内容；把死刑复核法律监督、行政执法监督等纳入法律监督范围等。二是规范了监督程序。除了严格遵守刑事诉讼法的相关规定外，最高人民检察院还通过司法解释，细化了监督程序，如《关于刑事立案监督有关问题的规定》、《关于进一步加强对诉讼活动法律监督工作的意见》和《人民检察院刑事诉讼规则》等。三是强化了监督措施。建立了行政执法与刑事司法相衔接的机制，加强了对侦查、死刑二审案件的监督；建立了介入侦查、列席审委会、派驻监所检察室，克服了事后监督的缺陷，增强了监督的效果。（2）保障人权理念。检察机关在严格司法的基础上，更加注重保障人权，严肃查办侵犯公民人身权利、财产权利和政治权利的犯罪。2000 年以来，最高人民检察院先后组织开展了查办国家机关工作人员利用职权侵犯人权犯罪案件专项活动、清理纠正超期羁押专项法律监督活动和纠正刑讯逼供专项侦查监督活动等，并建章立制，如制定了《关于在检察工作中防止和纠正超期羁押的若干规定》、《人民检察院讯问职务犯罪嫌疑人实行全程同步录音录像的规定（试行）》等规范，从而可以有效保障人权。（3）程序正义理念。没有程序，就没有法治，因为“正是程序决定了法治与恣意人治的基本区别”。经过 1996 年和 2012 年对刑事诉讼法的修改，程序正义观念日益突出，检察机关的程序意识也不断增强，可以说严格遵守诉讼程序，已成为检察机关和检察人员的核心观念，这与检察机关不断完善诉讼程序和加强检察管理密不可分。例如根据法律的修改，最高人民检察院先后制定或完善了《人民检察院刑事诉讼法规则（试行）》、《检察机关执法工作基本规范》、《执法办案内部监督暂行规定》、《检务督察工作暂行规定》、《检察人员执法过错责任追究条例》等规定。（4）理性平和文明规范理念。2001 年 1 月开始，检察人员的职业装由军事色彩浓郁的肩章、大檐帽改为深蓝色的西装、检徽，体现了理性平和理念。2009 年 7 月，最高人民检察院明确提出理性、平和、文明、规范的执法理念。在该理念指导下，检察机关制定了《人民检察院办理未成年人刑事案件的规定》、《检察官职业道德规范》和《检察机关文明用语规则》等规章制度，并开展了“反特权思想，反霸道作风”等教育实践活动。理性、平和、文明、规范是强化监督、程序正义等检察理念的总结和发展，体现了法治的要求，对司法文明和法治建设将产生深远的积极影响。

五、关于检察观念变革发展的反思与启示

回顾当代中国检察观念的历史，总结其成败得失、发展规律，对时下的检察改革和检察事业的发展都不无益处。综观当代中国检察观念的发展，无不体现在新中国检察实践之中，呈现出明显的历史阶段性。从检察文化的角度分析，我国检察观念的发展与中国法制建设的曲折发展同步，“客观上讲走过了一个从无到有、从临时到常备、从简约到制度化与法律化的发展过程”。在这个过程中，检察观念的

发展积累了经验，也存在一定的不足。

(一) 检察观念发展呈现良性趋势

检察观念决定了检察机关的存在价值，是检察机关安身立命之所在。因为观念决定着职能，决定着社会功能，也就决定着独立存在的价值。换句话说，如果检察机关没有自己的观念，行为方式、社会功能混同于其他职能部门，检察机关也就失去了存在的必要性。检察制度自清末引进中国以来所遭遇的存废争议、起起落落即是明证。

从当代中国50多年的发展看，我国检察观念的发展变革经历了三个阶段；一是"刀把子"阶段。"刀把子"是阶级斗争年代法律作用的标志。从1949年到20世纪80年代中期，人们关于法律的概念和对法律实际作用的认识是把法律作为阶级专政的工具。全部的法律就是刑法，检察院、法院是掌握"刀把子"的，是镇压敌人的。在这个时代，检察观念就是执行法律，是维护社会治安的工具。二是"指挥棒"阶段。"指挥棒"是把法律作为行政管理的工具。这是20世纪80年代后中国法律作用表现的一个特征。当人们经过"文化大革命"的痛苦经历以后，国家提高了对法律的认识。但是，政府部门及官员在加强社会主义民主法制的口号下，从他们的立场和利益来理解法制。把法律视为加强行政管理的工具，法律主要是用来管理老百姓的。这一时期制定了大量的行政法和经济法律，体现了法律作为行政管理手段的功能和价值。从"刀把子"到"指挥棒"是中国法观念和法律功能的一个进步，因为它扩大了法律的社会功能，强化了法治观念。三是"马笼头"阶段。"马笼头"是指法律好比是个马笼头，又好比是个牛轭。马只有戴上笼头，牛只有加上牛轭，才可以驾驭、操纵。法律的功能好比马笼头或牛轭，给国家机构及一切公共权力套上"马笼头"、"牛轭"，这些权力才能被有效控制。这是市场经济和公民社会培育出来的现代法律精神，是我国法治的发展方向。因为法治国家的本质精神是有效防止权力滥用，切实保障公民权利。

最高人民检察院在重视加强检察制度和检察体制建设的同时，已将检察文化建设纳入检察法治的视野。2000年5月26日，最高人民检察院颁布了《关于加强和改进检察机关思想政治工作的若干意见》，强调提出："检察文化对检察人员的思想观念、道德情操有着潜移默化的影响。要采取丰富多彩的形式，大力加强包括检察理论研究、检察出版和检察文艺等方面的检察文化事业，唱响主旋律，坚持多样化，寓教于闻，寓教于乐。要积极为检察官开展文体活动创造有利条件；结合检察工作和重大活动，适时组织开展征文、书画展、文艺演出和体育竞赛等，使检察文化活动丰富多彩、健康向上，推进检察机关精神文明建设。"重视检察文化建设，鼓励检察人员开展业余创作，培养检察文化人才，组织开展文体活动，丰富检察人员业余文化生活。积极参与群众性精神文明创建活动，力争走在当地前列，已成为各地检察机关的共同认识和实践活动。

可以说，检察文化概念的提出，它标志着检察机关高层对检察法治建设的关注已经进入更深层次。党的十六大报告在全面规划小康社会宏伟蓝图的同时，突出强调了社会主义精神文明建设和社会主义文化建设的重要性，明确了构建先进文化是社会发展的必然要求，是我们党和国家新时期的历史重任。2014 年 10 月 23 日，党的第十八届四中全会通过的中共中央《关于全面推进依法治国若干重大问题的决定》，标志着治国理政理念正在走向法治的根本性变革。在这样的背景下，检察文化建设如何适应新时期公正司法的基本要求，如何在司法改革、检察改革的过程中获得发展，为全面推进依法治国的历史进程作出贡献，已成为检察文化建设的重大课题。

（二）检察观念发展的障碍和不足

检察观念有其赖以存在的社会条件，包括检察机关的政治地位、社会稳定环境、公众的法治意识等。从当前情况看，我国检察观念建设发展还存在一定的障碍和不足，主要体现在以下几个方面：

一是行政干预司法的情况尚未根本改变，司法独立存在一定障碍。我国宪法和法律明确规定，人民法院、人民检察院依法独立行使审判权、检察权，但在司法实践中，行政机关往往通过各种方式，干预和影响审判和检察工作，司法独立遇到一定的障碍。

二是传统观念中不利于法治建设的因素依然存在。这主要表现在：

(1) 权力观念较强。由于几千年封建等级观念的积淀，使人们十分重视、崇拜、畏惧权力，这不仅表现在掌权者强调权力，试图以权力干预一切，扩大自己的权利，缩减自己的义务，也表现在普通民众当出现权利受到侵犯时，仍试图通过权力予以解决。这种状况极易导致权力的滥用和误用。(2) 权利观念发展不均衡。改革开放以来，虽然公民的权利观念不断提高，越来越多的人开始重视个人的权利，当权利受到侵害时，开始寻求法律途径解决。但是，公民权利观念的发展却存在极大的不平衡性。一方面，地区上的差异，城市人口权利观念高于农村人口。当发生纠纷时，人口比重较大的农村人普遍希望通过司法以外的渠道加以解决。另一方面，财产权利的观念高于政治权利和人身权利观念。中国社会科学院进行的中国公民权利义务抽样调查中发现，“无论是农村还是城市，无论是经济发达地区还是比较落后地区，人们在权利方面最重视的是财产权”，即公民特别关心自己的经济利益，而对政治权利和人身权利却并不十分重视。

三是法律实现的状况不十分理想。在社会生活中，无法可依的现象虽日渐减少，而有法不依的现象却时有发生。司法人员在司法过程中，以权谋私、破坏法治的现象仍然存在，这极大地破坏了法律的权威性，使社会成员失去对法治的信心，难以建立有利于法治化的观念模式。就检察实践而言，也存在一定的有法不依的现象，比如讯问职务犯罪嫌疑人不严格遵守程序、对律师会见职务犯罪嫌疑人不按法律规定予以及时安排或准许、对公安的侦查活动和法院的审判活动往往不依法进行法律监督等。这些都不利于我国公民法治观念的培养和增强，也反映出我国检察观念还有待进一步提高和加强。

第四节　检察观念建设的建构展望

党的十八大以来，以习近平同志为总书记的党中央总揽全局，运筹帷幄，提出了全面建成小康社会、全面深化改革、全面依法治国、全面从严治党的“四个全面”的战略部署，为党和国家事业发展开创了新局面。党的十八届四中全会《关于全国推进依法治国若干重大问题的决定》把全面深化改革、全面依法治国作为并驾齐驱的两驾马车，突出强调了法治在全面建设小康社会总体格局中的重要作用。司法工作是推进全面依法治国、建设法治国家的重要力量和坚强保障。习近平总书记在 2014 年中央政法工作会议上的讲话中指出："促进社会公平正义是政法工作的核心价值追求。从一定意义上说，公平正义是政法工作的生命线，司法机关是维护社会公平正义的最后一道防线。"这既给政法工作指明了方向，明确了政法工作的价值追求，同时也促使我们思考如何将公平正义的理念真正在政法机关落地生根，以实际行动维护社会公平正义，让人民群众切实感受到公平正义就在身边。政法工作实现促进社会公平正义的核心价值追求，是一项系统而复杂的工作，既是政法工作自身职责使命的题中应有之义，也需要政治、法律、文化、社会的综合合力。其中，文化尤其是法治文化是政法工作的重要基石，在促进社会公平正义，实现政法工作核心价值方面具有重要的不可或缺的作用。

习近平总书记指出："法治文化是一个国家或地区的人们对于法治生活所持有的以价值观为核心的思维方式和行为方式。包括人们的法治意识、法治观念、法治价值取向等。法治文化是法治的'灵魂'，是法治社会的重要精神支撑和内在动力。"这段话充分揭示了法治文化包括检察文化在法治工作、检察工作中，在促进社会公平正义的实现中的重要作用。因此，作为先进法治文化组成部分的检察文化在促进社会公平正义，实现检察工作核心价值追求方面具有何种功能作用？如何构建与促进社会公平正义相适应的检察观念，通过文化建设解决检察工作中的哪些深层次矛盾问题，从而实现检察工作的核心价值追求？这一系列的问题是当前摆在检察文化尤其是检察观念建设面前的重要课题。

检察观念建设是一项系统工程，不可能一蹴而就。从促进公平正义的价值目标出发，可以有多重的构建模式。但无论采取何种模式，检察观念建设的目标定位必须以建设先进的检察文化为旨归。这就涉及何谓先进、先进的标准问题。所谓先进文化，是指符合人类社会发展方向、体现社会生产力发展要求、代表社会大多数成员根本利益、反映时代潮流的文化。建设先进文化既是一项涉及各行各业的系统工程，又需要有一个长期的渐进的过程；既要有历史的积淀，又要有扎实的建设。我们认为，先进的检察观念建设主要包括以下四方面的内容，即树立现代法律监督理念、深化与拓展社会主义法治理念、塑造“法律守护人”的现代法律精神和强化检察官职业道德建设。

一、树立现代法律监督理念

在围绕强化法律监督职能，加强检察制度文化建构的同时，还需要从理念上建构与之相适应的法律监督理念文化。法律监督理念是作为行使法律监督职能的主体——检察官在检察活动中所持有的思想观念，是一种理性的思想观念。它来源于现行法律制度和检察官的法律意识，是其对现行法律制度的深刻认识。法律监督理念的内容是客观的，形式是主观的。由于法律监督理念的反映形式是主观的，因而正确的法律监督理念对于法律监督活动就显得尤为重要：它能够客观地评价法律制度，准确地反映法律的价值，能动地作用于法律监督活动，从而体现立法者的意志，维护社会公正，实现法律的功能和价值。检察官法律监督理念的现代化是检察官职业化建设过程中必须首先解决的问题，这就要求检察官这一特殊的社会群体，牢固树立现代化的法律监督理念。

检察官现代化的法律监督理念，是检察官在检察工作中对自己的思维和行为所形成的意识形态和精神指导，包括检察官独特的思维定势及客观公正行使检察权、独立检察权行使的意识等。在一定意义上，法律监督理念是法律监督职能充分得以实现的前提。在现代法治社会，检察官的法律监督理念应当包括以下内容：

一是科学理论指导的理念。检察官法律监督理念必须坚持以马列主义、毛泽东思想、邓小平理论、“三个代表”重要思想和“四个全面”战略为指导，大力弘扬人类社会先进的法律思想和法律文化，保持与时俱进、与世俱进的品质，始终代表先进文化的前进方向。党的十八届三中、四中全会明确提出要提高各项工作的法治化水平，保证公正司法、提高司法公信力；五中全会又将“司法公信力明显提高”作为全面建成小康社会的重要目标。作为国家的法律监督机关，检察机关必须按照党中央的要求，通过继承和发扬中华民族几千年来优秀的法律文化传统，借鉴和吸收外国法治文化中的优秀成果，促进广大检察人员树立先进的法律监督理念。先进的法律监督理念至少包括法治观念、权利平等观念、法制统一观念、司法公正观念、司法效率观念、司法独立观念、诉讼民主观念等内容。

二是崇尚法律、公正司法的理念。检察官要坚信法律在国家的权力体系中具有至高无上的权威，社会生活的基本方面和主要的社会关系都要纳入法律的轨道，接受法律的治理，任何社会团体和个人概莫能外。检察官作为司法者，应当作法治的代表、正义的化身，在具体司法办案中，应当忠实地适用法律，公正地处理各类案件，让当事人在每个具体案件中都感到公平正义。培养检察人员崇尚法律、公正司法的理念，既是检察事业持续健康发展的内在保证，也理所当然的是检察文化的核心内容。

三是维护司法公正的理念。检察机关作为国家法律监督机关，除了自身在办案过程中应当严格司法，做到司法公正，而且还要通过法律监督手段，维护整个司法活动的公平正义。一方面，检察机关作为法律监督者，对于公安机关、法院在刑事诉讼活动中的违法行为，要做到敢于监督、善于监督，一旦发现违法行为，要依法进行法律监督，以维护程序正义。另一方面，检察机关作为法律的守护者，对于当事人和律师的投诉，应当高度重视，并及时进行调查核实，一旦发现存在违法行为、侵犯当事人合法权益的，应当及时提出纠正意见，以维护司法公正。

四是独立行使检察权的理念。检察机关依法独立行使检察权，是我国宪法的规定，也是实现司法公正的有效保障。检察人员作为具体行使检察权的主体，应当具有依法独立行使检察权的理念。从检察实践来看，检察官具有依法独立行使检察权的理念，不仅是法定程序对检察官的客观要求，也是社会公众对检察官的期盼。同时，检察官具有依法独立行使检察权的理念还与其个人的品格有关，它要求检察官具有客观、公正、公允之秉性。检察官的特殊地位，要求其在遵守法定程序的同时，还要树立自身的品格修养，依法检察权行使，最终实现公平与正义的目标。

五是保障人权的理念。当代检察官必须牢固树立全心全意为人民服务的宗旨意识，保障广大人民的基本人权，充分发扬人民民主，自觉接受社会各界的监督，始终代表最广大人民的根本利益。在检察活动中，检察官既要代表国家揭露、指控、证实犯罪，还要保障无罪的人不受刑事追究，依法保护犯罪嫌疑人的合法权益不受侵犯。同时，对于其他诉讼参与人的合法权利，检察机关也应当予以尊重和保护，一旦发现有侵犯公民合法权利的违法行为，应当及时提出纠正意见，以确实保护公民的人权。

二、深化与拓展社会主义法治理念

社会主义法治理念与检察观念是辩证统一的关系。社会主义法治理念是社会主义法治建设的理论创新，是马克思主义中国化的重要成果，也是我国各项政法工作的指导思想。从哲学范畴上讲，检察观念与社会主义法治理念是个性与共性的关系。检察观念存在于社会主义法治理念之中；从系统论的视角来看，社会主义法治理念处于更高层次，检察观念必须服务于社会主义法治理念；在具体内容上，检察观念体现了社会主义法治理念，同时有具有检察特色。

社会主义法治理念对检察观念的形成具有重要意义。其一，全面贯彻社会主义法治理念是检察观念的题中应有之义。社会主义法治理念为我国各项政法工作提供了基本原则和指导思想。检察观念全面贯彻社会主义法治理念，必须进一步明确检察工作在国家法治工作中的独特定位，并依据检察工作规律充分发挥检察机关的各项职能作用，从而保障检察工作的正确方向。为此，就必须坚持在社会主义法治理念的前提下，对检察制度的本质属性及其内在规律进行更加深入的认识，构建出科学系统的中国特色社会主义检察观念体系来指导各项检察工作。其二，检察观念要澄清各种模糊认识，就必须坚持社会主义法治理念的指导。当前，在错综复杂的国际国内政治、经济、文化背景下，一些检察人员受西方政治及法学理论的影响，对我国检察制度产生了一些模糊、不全面甚至是不正确的认识，进而对我国检察机关的法律监督性质等方面提出了诸多质疑，在一定程度上影响了检察工作的健康发展。出现这些质疑，有着不同的主客观原因，但是归根结底在于没有牢固树立社会主义法治理念。其三，社会主义法治理念是保障检察改革正确发展方向的需要。全面推进依法治国是国家治理领域一场广泛而深刻的革命，司法体制改革是这场革命的重头戏。检察文化是有效促使检察机关高度整合的“凝聚剂”，也是引导自身持续发展的深厚“驱动力”。要保证我国检察改革的正确方向，就必须以中国特色社会主义法治理念为指导，否则，就可能导致改革的盲目性，甚至走向错误的道路。

三、塑造“法律守护人”的现代法律精神

随着我国法治化进程的加快，人们已经越来越清楚地看到，依法治国是一个庞大而复杂的系统工程。亚里士多德认为法治应当包含两重意义，即已成立的法律获得普遍服从，而大家所服从的法律又应该是制定良好的法律。制定“良法”的重要性是不言而喻的，而要使“已成立的法律获得普遍服从”，除了国家必须建立相对完备的符合现代法治理念和司法特点及规律的司法体系及法律运行机制外，还应当在社会各个层面培育和生成现代法律文化。否则，法治大厦这个肌体就只有躯干而没有血肉。国家制定的法律就不能得到普遍的遵从和实施，有时甚至可能对现行法律的实施起阻碍作用，依法治国的目标就难以实现。检察官作为独特的法律群体，要做好“法律守护人”，就必须从司法理念、职业道德和整体素质方面进行塑造和培育。

检察官要具有现代法律精神，必须注入人本主义精神。“人本主义”精神是现代法精神的根本，它要求以人为本位，一切为了人，以人为出发点和归宿点。即一切公共组织包括国家，一切制度包括法律，都是为了人而设立的，人为社会的本位，人为制度的本位，人为法律的本位。以人的权利、人的利益、人的安全、人的自由、人的幸福、人的平等、人的发展为宗旨就是现代法的精神。只有把这些因素贯穿到立法、司法中去，才能创造现代法治。

“人本主义”精神具有丰富的内涵，可以体现到立法和司法过程中，在立法上，从“人本主义”精神出发，我们就应以保护公民的政治权利和自由，扩大公民的政治参与，防止公共权力对公民的侵犯为核心来架构我们的政治制度，制定国家法律。只要公民在不侵犯他人同样权利的条件下，应最大限度地发展自己的自由和权利。以保护

公民私有财产为核心来制定我们的经济法律制度。以人道主义的精神、高度珍惜人的生命、自由的价值来架构我们的刑法等。在司法层面上，从“人本主义”精神出发，在司法活动中要以公民人格独立和社会平等为基础，以尊重人的自由和权利，保障公民财产，守护法律的公正，控制司法权滥用为己任，维护社会的和谐和稳定发展。要通过严格实施法律，体现正义、平等、自由，保护权利和控制权力。

对于检察官来说，要树立现代法律精神，切实维护诉讼参与人合法权益。检察官在司法过程中，要切实维护诉讼参与人合法权益，就必须内心要有人权保护的意识，要有追求公平、正义的现代法治理念，只有这样，才能真正实现现代法律制度所蕴含的人文关怀和权利保护的价值追求。对检察机关来说，要突出“以人为本”的管理思想，实行人性化管理机制，培养和提高检察人员工作的积极性和创新精神。文化是人的文化，检察文化建设的核心是人的因素，因此检察文化建设必须坚持“以人为本”，各级检察院要采用教育、启发、诱导、吸引、熏陶和激励等多种方式，培养全体检察人员的命运共同感、工作责任感、道德规范和行为准则，提高其思想道德素养，促使每位检察人员把其内在潜力和创造力最大限度地发挥出来，成为检察机关发展的真正源泉。

四、强化检察官职业道德建设

检察官作为“法律守护人”是国家法律的实施者，不仅代表着法律的形象，一定程度上也代表着国家的形象。同时，检察官又是社会矛盾和纠纷的处理者，是保护人民利益的最重要的一道屏障，被公众视为社会正义的守护者，社会正义的化身。这就要求检察官职业道德比其他职业更高、更严格。最高人民检察院颁布的《检察官职业道德建设规范》，是根据《公民道德建设实施纲要》的要求，针对检察官职业的特点，在总结吸收以往检察职业道德建设成果的基础上，提出了“忠诚、公正、清廉、严明”的基本道德规范。在新时期，要搞好检察官职业道德建设，应当做好以下工作：

一要着眼检察职业特点，培养检察官队伍高尚的职业价值观。关于检察职业道德的具体内容，中外检察实践中已经形成了以下基本准则：坚持和维护检察独立；确保公正办理案件和正当履行其他检察职责；提高检察工作效率；勤勉敬业；清正廉洁；遵守检察礼仪；维护检察尊严与公信力；提高个人素养；严格约束职务外活动等。在我国，检察职业道德要求，至少应包括以下六个方面：（1）忠诚。即忠诚于国家、民族、人民和法律。检察官代表国家司法办案，必须时刻摆正自己的位置，与祖国、民族同呼吸、共命运，在检察工作中必须遵守和捍卫法律，这是检察官首先应具备的品质。（2）敬业。即检察官基于责任心对检察工作、检察事业的全身心投入。在工作中，检察官要严肃对待，勤奋努力，精益求精。（3）奉献。即检察官务必牢记全心全意为人民服务的宗旨，保持思想的纯洁性，不计较个人得失，甘当人民的公仆，献身于祖国和人民的法治事业，尽忠职守，毕生追求，无私奉献。（4）清廉。即检察官要清心寡欲，淡泊名利，不贪赃枉法、徇私舞弊。作为一名检察官，要以廉立身，以廉立信，自觉抵制个人主义、享乐主义、拜金主义及其他形形色色的腐朽思想，自律、自重、自强不息。（5）公正。即检察官要严格遵守程序，公正司法办案，要做到铁面无私，秉持人间正道，富贵不能淫，贫贱不能移，威武不能屈，坚决捍卫法律尊严，保证法律正确适用。（6）严谨。即检察官要谨言慎行，保持独立、冷静的态度。检察官要做到有损形象的话不说，有损声誉的事不做，努力培养个人修养和人格魅力。

二要进一步完善职业道德建设的运行和考核机制，充分调动各种力量共同做好职业道德建设。从职业道德建设的机制来看，关键要解决好谁来做、如何做的问题。一方面，要进一步明确“一岗两责”和“谁主管，谁负责”的职业道德建设责任制。即各级检察机关领导真正意识到所承担的双重职责，自觉地将职业道德建设与业务工作有机地结合起来，把解决思想问题与解决实际问题有机地结合起来，使职业道德建设落实到实处，取得实效。同时，要科学划分思想政治工作的职能部门与非职能部门的职责，解决好专门做与共同做的关系。职业道德教育工作固然要政工部门去专门做，但是大量的职业道德建设活动还要靠各个部门共同开展。要明确任何一个业务部门都是职业道德建设的主体，都对职业道德建设承担着不可推卸的职责。只有这样，职业道德建设才有影响力，才能形成专门做与共同做相结合的工作格局。另一方面，要认真探索职业道德建设科学的考评机制，保证职业道德建设的制度化、规范化。长期以来，对思想工作缺乏科学的考核和评价，是影响职业道德建设任务在基层有效落实的一个重要原因。要通过探索和实践科学的考核机制，实施对职业道德建设的有效调控，保证职业道德建设的正常开展。结合国外检察实践和国内检察机关职业道德建设的一些成功经验，建议检察机关要建立“检察官职业道德考评委员会”，对检察官是否遵守职业道德进行考评，对违反职业道德的检察官进行处理。

三要以实事求是的科学态度进行教育和疏导，切实增强职业道德教育的针对性和说服力。为了切实提高检察职业道德教育的针对性和说服力，一方面，要加强有关理论研究。理论是实践的先导，要消除群众中存在的一些模糊认识，就必须进一步加强理论研究，从理论的高度对当前的各种社会现象作出科学的分析。特别是要立足于现实，针对检察官的思想实践开展研究，这样才能有效地指导思想工作的实践。另一方面，要加强形势教育。实践中有的检察官对改革心理准备不足，理想和现实存在冲突，问题出在形势教育没有做好、做到位。要通过形势教育，让检察官明白改革是解决当前检察工作问题的必由之路，改革对少数人带来冲击，对大多数检察官是有益的。对于少数检察官，在进行形势教育时，要讲大局、讲主流，要把困难和问题讲清，使他们树立危机意识，从而增强对改革的承受力。

四要积极探索职业道德建设的新规律、新办法，进一步增强职业道德建设的实际效果。在新的历史时期，如果不能适应形势发展的需要，不断研究新情况，解决新问题，创造新经验，职业道德建设的各项任务就不能真正落到实处，也无法取得实效。职业道德建设创新，要注意把握好以下“六个结合”：(1) 加强和改进结合。加强和改进有着辩证的关系，两者相互依存，相互作用，要加强就必须改进。改进职业道德建设必须坚持继承和创新并举，不能因为职业道德建设有些做法现在还管用，就忽视创新，也不能因为注重创新而忽视对好的工作传统、工作方法的继承。要把继承和创新结合起来，从而真正达到改进和加强职业道德建设的目的。(2) 正面教育和反面教育结合。在坚持正面教育的同时，也不要忽视检察官违法违纪受到惩处的反面教材，只有将二者有机地结合起来，才能发挥教育的更大作用。实践中，在坚持正面教育为主的前提下，要把握好反面教材使用的度。（3）重在建设和加强管理结合。检察官思想道德素质的提高、良好习惯的养成，既要靠思想引导，思想建设，也要靠加强管理，这样才能把自律与他律、内在约束与外在约束有机地结合起来。（4）讲求艺术和坚持原则结合。讲求艺术性，注意寓教于乐，把思想教育贯穿于活动之中，这确实是改进工作的好办法。但是，职业道德建设的政治性、思想性、原则性不能丢。对于错误的东西，就必须旗帜鲜明地加以反对、加以抵制。（5）职业道德建设和文化建设、精神文明建设结合。职业道德建设、文化建设、精神文明建设，三者是统一的。精神文明建设是相对物质文明建设而言，文化建设是相对经济、政治建设而言，在实践中，要把职业道德建设、精神文明建设同教育培训、文化建设结合起来。（6）解决思想问题和解决实际问题结合。任何思想问题，都是由实际问题引发的。在当前条件下，许多实际问题不是一下子都能解决的，但领导一定要千方百计地去解决，能解决的绝不拖延，实在解决不了的，要做好解释工作，以便得到理解。

五要领导干部要身体力行，以德垂范。职业道德建设的实践表明，领导干部的身体力行，率先垂范，本身就是实实在在的职业道德教育。因此，领导干部要把“现代法律精神”贯彻落实在行动上，要不断提升自己的精神境界，完善自己的道德修养，这对检察官职业道德建设，提升检察官职业道德水准，都具有重要意义。具体地说，领导干部要在五个方面作出表率：在学习科学理论，坚定社会主义理想、信念上作出表率；在自觉执行党的路线、方针、政策以及法律法规上作出表率；在真抓实干、促进业务争优创先上作出表率；在严于律己、拒腐防变上作出表率；在勤俭为民、无私奉献上作出表率，这样才能进一步塑造检察机关领导干部在群众心目中的良好形象。

六要结合新时期的新特点，把检察官职业道德教育系统化。职业道德建设要靠经常性的思想教育工作，并要采取一定的形式，把思想教育工作贯穿于各项活动中去，从而取得良好的效果。当前，要从检察机关的工作实际和检察官的思想状况出发，有针对性地开展职业道德教育活动，提高职业道德教育的质量和效果。具体地说，要做好以下工作：（1）要根据一个时期社会意识形态领域的主要任务，结合检察官群体思想状况实际，开展专项教育活动，增强现实性。如“两学一做”教育活动等。这样的教育活动具有全局性、针对性和时代特征，一定要抓好落实，务求实效。（2）围绕检察官关注的“热点”问题开展职业道德教育，保证及时性。要紧紧把握检察官思想脉搏，有的放矢，对症下药。从思想上解“扣子”，放“包袱”，调节矛盾，理顺关系，确保各项工作的顺利开展。（3）克服形式主义，注重实效性。要研究新时期思想政治工作的新形式、新方法，采取扎实有效的形势开展教育活动，于细微处着手，潜移默化，使检察官自觉接受职业道德规范、自觉履行职业道德的各项要求，以此来塑造整体形象。（4）加强制度建设，用制度管人管事，讲究科学性。检察机关要通过建立岗位目标管理责任制度、干部考评考核制度、党内民主生活会制度、勤政廉政建设制度等一系列规章制度来规范检察官的行为。强化对检察官的纪律约束，加强内部管理。

七要加强对市场经济与法治条件下检察官职业道德理论的研究。职业道德相对于社会道德而言，因其从业群体的鲜明特征而具有职业特点。检察改革使检察群体的职业特征迅疾凸显，又由于检察公正与效率主题的强烈需要，检察职业道德随之取得独立地位，并迅速成长发展。新生的检察职业道德应当顺应市场经济、法治条件的要求。目前的问题是，对检察官职业道德的研究尚不够深入，表现为研究人员少、成果少、创新少。一个简单的例证是，对检察机关职业道德尚未形成较为统一、稳定的规范，有些要求过于含混，不切合检察工作实际。由于规范不统一，在实践中自然难以操作。因此，应当加强对市场经济与法治条件下检察官职业道德理论的研究。比如检察官职业道德与法治的关系、检察官职业道德的体系、检察官职业道德与纪律的关系等。值得一提的是，在有些问题上，我们已经形成共识，比如重视“德治”与“法治”的结合，发挥好法律约束和道德约束的作用等。实践证明，对于检察官队伍建设来说，道德规范和法律规范、纪律应该相互结合，统一发挥作用。在道德教育中，我们应当强调，遵守法律是职业道德的最基本的要求，同时，我们要把重要的职业道德规范，尽量纳入我们的法律之中，融入我们的管理制度中，融入检察官应遵循的各种守则之中。

第四章　检察制度建设

检察制度是检察文化的表现形式之一，检察制度建设依附于检察制度，伴随检察制度的发展、完善而不断丰富。毫无疑问，检察制度的形成和发展过程，同时也是检察制度建设的衍生进展过程。检察制度体现的价值趋向、精神追求当为检察文化不可或缺的核心元素。可以讲，离开检察制度，也就无从谈及检察文化；离开检察制度，检察文化也将成为无本之木，无源之水。在全面推进依法治国的进程中，需要我们重新建构并完善与社会生活息息相关的秩序制度，需要重新建构并完善个人、团体乃至国家各种行为的规范，需要重新建构涉及各个层面各种主体利益的社会法治生态，围绕这些问题，在建构当代中国检察制度文化的过程中，深入挖掘沉寂于检察制度中的文化内核，对检察制度进行相应的审视、考量和重建，成为我们必须面对的重要课题之一。

第一节　当代中国检察制度梗概

当代中国检察制度虽然建立不长，却有着悠久的历史渊源，主要包括中国封建社会的御史弹劾制度及其法律思想、中国新民主主义革命时期革命根据地的检察制度、司法检察制度的产生和发展过程中形成的诉讼制度和诉讼理论、列宁关于社会主义检察制度的理论和他领导创建的社会主义检察制度。[①] 可见，当代中国检察制度是在新民主主义革命根据地的基础上，学习借鉴苏联社会主义的检察制

---

① 参见李士英主编：《当代中国的检察制度》，中国社会科学出版社 1988 年版，第 2 页。

度，结合中国国情创建的。这些客观历史，是我们建构中国特色检察制度的重要依据。

当代中国检察制度的建构从属于当代中国检察文化的范畴，这是无需争议的话题。我们认为，要从繁杂的脉络中厘清当代中国检察制度的建设路径，应当尊重历史发展过程。自新中国成立至今已六十多年，回顾历史，检察制度大致经历了创建时期、波折时期、中断时期、恢复重建时期以及当下的可持续发展时期。

一、初始创建时期（1949—1956 年）

1949 年 9 月 21 日，中国人民政治协商会议第一届全体会议制定了两个具有历史意义的开国文献——《中国人民政治协商会议共同纲领》（以下简称《共同纲领》）和《中华人民共和国中央人民政府组织法》（以下简称《中央人民政府组织法》）。《共同纲领》规定了国家的性质和国家机构。《中央人民政府组织法》第 5 条规定："中央人民政府委员会组织政务院……组织最高人民法院及最高人民检察署，以为国家的最高审判机关及检察机关。""最高人民检察署检察长、副检察长和委员均由中央人民政府委员会任免。"可见，《共同纲领》和《中央人民政府组织法》这两个法律，创建了新中国国家制度，奠定了政治和法律基础，成为新中国的临时宪法。根据这两个法律，开始了新中国的立法工作包括检察制度建设。应该说，当代中国检察制度也从此发端。

1949 年 10 月 1 日，中央人民政府委员会第一次会议任命罗荣桓为最高人民检察署检察长。1949 年 10 月 22 日，最高人民检察署召开了第一次会议，宣布成立最高人民检察署，1949 年 11 月启用印信，正式办公。同年 11 月 2 日，最高人民检察署召开第二次检察委员会，制定并讨论通过了《中央人民政府最高人民检察署试行组织条例》。1949 年 12 月 20 日，中央人民政府毛泽东主席批准《中央人民政府最高人民检察署试行组织条例》，这标志着新中国关于检察制度的第一个单行法规正式诞生。从此，开始了检察制度由上而下的顶层设计，开始了新中国检察制度及检察工作的曲折发展和历史进程。

在这一时期，涉及检察制度的重要事件主要包括："参加镇压反革命运动，开始发挥法律监督作用”；参加“三反”、“五反”运动，查处大案要案。[①] 实际上，从1951年年末开始，在全国范围开展的“反对贪污、反对浪费、反对官僚主义的斗争”（以下简称“三反”运动），以及1951年2月在全国各地开展的“反对行贿、反对偷税漏税、反对盗窃国家资财、反对偷工减料、反对盗窃国家经济情报的斗争”（以下简称“五反”运动），各级人民检察署发挥了不可替代的重要作用。如河北省人民检察署参与办理了轰动全国的原天津地委书记刘青山、专员张子善重大贪污案。1952年2月10日，河北省在省会保定市召开了2万多人参加的公审大会，判处刘青山、张子善死刑，立即执行。又如武汉市人民检察署侦查起诉了福华药棉纱布厂经理李寅廷、乐群药棉厂资本家黄海泉在为志愿军承制急救包、纱布和药棉中危害志愿军一案等。

1954年9月20日通过的第一部《中华人民共和国宪法》，鲜明地体现了社会主义民主和法制原则，也为新中国检察制度及检察事业的发展奠定了坚实基础。该《宪法》第81条规定：“中华人民共和国最高人民检察院对于国务院所属各部门、地方各级国家机关、国家机关工作人员和公民是否遵守法律，行使检察权。地方各级人民检察院和专门人民检察院，依照法律规定的范围行使检察权。地方各级人民检察院和专门人民检察院在上一级人民检察院的领导下，并且一律在最高人民检察院的统一领导下，进行工作。”第83条规定：“地方各级人民检察院独立行使职权，不受地方国家机关的干涉。”第84条规定：“最高人民检察院对全国人民代表大会负责并报告工作；在全国人民代表大会闭会期间，对全国人民代表大会负责并报告工作。”这些条款对检察机关的设置、职能等都作了具体规定，到了1956年，检察工作基本上处于初期正常发展阶段，1956年中国共产党第八次全国代表大会提出了加强法制建设以后，检察制度建设及检察工作又得到了进一步加强。

这一时期，年轻的共和国还处于起步时期，其各项治国理政制度

① 参见李士英主编：《当代中国的检察制度》，中国社会科学出版社1988年版，第34页、第45页。

包括检察制度还处于建设的起步阶段，显得还不成熟、不成体系。为了巩固新生的人民政权，有必要对敌对分子以及一切危害年轻共和国的各种犯罪行为采取严厉打击的措施，因而赋予了当时各级检察机关的特殊使命。从当代检察制度的本身建构看，注重打击，注重历史赋予检察机关的重要使命，也成为检察制度建构中的重要价值趋向。

二、波折及中断时期（1957—1976 年）

从 1957 年夏季开始，政治生活中“左”倾思想占据上风，在全国范围内掀起了一场规模浩大的反右派斗争。在这场斗争中，法制遭受严重践踏，法律虚无主义盛行，检察机关的法律监督职能受到了否定和批判，一批坚持依法办事、秉公执法的检察干部被错误的划定为右派，并且长期蒙受冤屈。众所周知，1958 年开始，在全国范围内掀起了“大跃进”、“共产风”、“浮夸风”，这种不切实际的浮夸，也极大地扰乱了正常的司法秩序，影响了司法工作。政法部门甚至出现了将检察机关合并到公安机关下属的“法制室”、“检察科”等现象，此时的检察机关已经名存实亡。①

此后，“左”倾错误在政治生活中进一步泛滥，检察制度更是受到严重冲击，检察职能履行举步维艰，1961 年甚至一度想将检察机关合并到公安机关，后来被党中央制止。1966 年开始了“文化大革命”，这一期间公检法机关被砸烂，国家的法制受到了空前的破坏和亵渎。从 1968 年 12 月开始，各级检察机关纷纷被撤销，检察干部被遣散，检察工作停滞。

这一时期涉及检察制度的重要事件是：国家以宪法的形式取消了人民检察院的设置。即 1975 年《宪法》第 25 条规定：“检察机关的职权由各级公安机关行使。”这是检察制度的倒退，也是我国法制建设的历史性倒退。

治国理政思想一旦脱离法制轨道，必然出现政治上的紊乱，导致

---

① 参见李士英主编：《当代中国的检察制度》，中国社会科学出版社 1988 年版，第 131 页。

司法体系的混乱。回顾当年的“大跃进”以及轰轰烈烈的无产阶级“文化大革命”，对中国社会法制的进程产生的损失，实为难以估量，教训尤为难忘。这一时期检察制度的中断，是法制虚无主义在作祟。在这样的历史时期，检察制度建设无从谈起。因此，检察制度建设要赋予“法制”战胜“人治”的理性，要在坚守法制的前提下，循序渐进推进依法治国理政。

三、恢复重建和发展时期（1977—2000 年）

1976 年 10 月，主持中央工作的华国锋和叶剑英等，代表党中央一举粉碎了“四人帮”。1977 年 8 月，在党的第十一次全国代表大会上，党中央正式宣布“文化大革命”结束。1978 年 3 月 5 日，第五届全国人民代表大会通过了中国第三部宪法。该部《宪法》第 43 条规定：“最高人民检察院对于国务院所属各部门、地方各级国家机关、国家机关工作人员和公民是否遵守宪法和法律，行使检察权。地方各级人民检察院和专门人民检察院，依照法律规定的范围行使检察权。人民检察院的组织由法律规定。最高人民检察院监督地方各级人民检察院和专门人民检察院的检察工作，上级人民检察院监督下级人民检察院的检察工作。最高人民检察院对全国人民代表大会和全国人民代表大会常务委员会负责并报告工作。地方各级人民检察院对本级人民代表大会负责并报告工作。”上述规定，揭开了当代中国检察制度历史性的新篇章，它是我国治国理政方面的拨乱反正，也是法制建设理性回归的开始。

在这一时期，涉及检察制度的重要事件包括：1978 年 6 月 1 日，最高人民检察院启用印鉴，正式办公；至 1978 年 9 月底，全国 29 个省、自治区、直辖市都已任命了检察长；[①] 1979 年 7 月 1 日，第五届全国人民代表大会第二次会议通过了重新修订的《人民检察院组织法》等。当时参与修改组织法的人员一致认为，在事关检察机关的性质这一根本问题上，必须旗帜鲜明，拨乱反正，重新肯定了检察机

① 参见李士英主编：《当代中国的检察制度》，中国社会科学出版社 1988 年版，第 185 页。

关的法律监督性质，但取消了检察机关的一般监督职能。并规定了检察权独立行使原则，检察机关独立行使检察权而不受行政机关、社会团体和个人的干涉。同时将上下级检察机关之间的监督关系更改为领导关系，确立了双重领导体制，即上级检察机关和本级人民代表大会及其常务委员会的双重领导体制，完善了检察机关内部的民主集中制，检察委员会由检察长主持，并实行少数服从多数的民主集中制。

1979 年，除《人民检察院组织法》修订颁布外，《刑法》、《刑事诉讼法》等重要法律同时颁布。这些重要法律，为检察机关在新时期履行职能提供了法律依据，也催生了检察制度进入新的重建。这些法律相当多的内容涉及检察制度，如刑法明确规定了各种犯罪的罪名及其刑事责任，明确划分了罪与非罪的界限，并规定了适用刑法的一些基本原则，也为检察机关在行使检察职能、打击犯罪、保护国家利益和人民合法权益方面，提供了明确具体的法律依据。

值得一提的是，1989 年 8 月 18 日，广东省人民检察院率先成立反贪污贿赂局，1995 年 11 月 10 日，经中共中央批准，最高人民检察院正式成立了反贪污贿赂总局。一方面表明反贪污贿赂工作在治国理政大格局中的重任、另一方面也标示着检察机关的职能中，反贪污贿赂工作的位置越来越凸显。这无疑为检察制度的丰富和职能的强化作出了历史性贡献。1995 年 2 月 28 日，全国人大通过的《检察官法》，对检察官的职责、义务和权利、任职条件、任免和奖惩等，进行了全面规定，在检察制度建设史上具有划时代意义。应该说，检察官法的颁布，是当代中国检察官走上职业化建设的一个重要里程碑。

在这一时期，各级检察机关坚持原则，不畏权势、不徇私情，反对各种违法乱纪行为，参与平反了十年动乱期间及以前发生的大量冤假错案，保护了公民的民主权利，促进了安定团结的政治局面，对祸国殃民的林彪、江青反革命集团的起诉，极大地显示了中国社会主义法制的严肃性和权威性。[①] 可以说，这是我国第一次法制建设春天

① 参见李士英主编：《当代中国的检察制度》，中国社会科学出版社 1988 年版，第 15 ~ 16 页。

的回归，也是当代中国检察制度建设的第一个复兴时期。由于经历了十年动乱的苦难，人们比任何时候都渴望良好的秩序，渴望对民主法治的保障。这就促使检察机关在民主法治的进程中担负更为重要的角色，也赋予了检察制度建设以新的使命：从传统的人治向适应现代社会需要的法治转型，从单纯注重打击到打击与保护并重的转型，从单纯注重履行检察职能到注重检察队伍建设的转型。

四、新世纪的可持续发展时期（2001 年至今）

20 世纪末到本世纪初，伴随着改革开放以及国民经济较快发展，依法治国的脚步不断加快，国家颁布了一系列有关法律法规，使我国检察制度不断发展完善。如 2006 年，中共中央发布的《关于进一步加强人民法院、人民检察院工作的决定》，进一步从政治上对检察机关进行定性、定位，指出人民检察院是司法机关，承担法律监督职能，秉承“强化法律监督，维护公平正义”的主题。把建设中国特色的检察制度与树立社会主义法治理念的本质要求结合起来，以保证全面建设小康社会的目标。

在这一时期，我国不断完善法律制度，检察机关也加强了业务队伍建设，使我国检察业务制度、检察队伍制度日益完善。其中，在检察业务制度建设方面，主要制定了以下法律法规：1997 年 1 月 15 日最高人民检察院制定出台的《人民检察院刑事诉讼规则（试行）》，1996 年 3 月 17 日、2012 年 3 月 14 日分别对《刑事诉讼法》进行修订，1998 年 12 月 16 日、2012 年 10 月 16 日分别对《人民检察院刑事诉讼规则》进行修订。这些法律法规的制定和完善，发展和完善了检察业务制度，比如检察机关在刑事案件提起公诉以前，对有犯罪嫌疑的人应称呼“犯罪嫌疑人”，而不应称其为“被告”，这一称谓的变化，折射出检察制度建设逐步走向尊重人权、尊重诉讼规律的变化。又如人民检察院对于退回补充侦查的案件，仍然认为证据不足，不符合起诉条件的，可以作出不起诉决定；对于犯罪情节轻微，依照刑法规定不需要判处刑罚或者免除刑罚的，也可以作出不起诉决定。这充分体现了检察机关自由裁量权的司法属性。再如对非法证据排除规则的规定，对羁押必要性审查的规定，对辩护律师会见犯罪嫌疑人或被告人不被监听的规定等，不仅体现了司法规律，更彰显了人权保障的法治精神。

在检察队伍管理制度建设方面，主要制定了以下法律法规：最高人民检察院制定的《人民检察院监察工作条例》（2000年3月25日）、《检察机关党风廉政建设责任制实施办法》（2002年7月15日）、《检察机关领导干部必须遵守的“六个严禁”规定》（2005年10月23日）、《检察人员纪律处分条例（试行）》（2007年5月7日）、《检务督察工作暂行规定》（2007年10月8日）、《人民检察院执法办案内部监督暂行规定》（2008年3月3日）等。从制度的内容来看，多以强化检察机关内部监督，促进司法规范化等。司法能否彰显公平和正义，不仅仅需要有良好的法律制度，同时也需要具备良好操守的司法人员，这就有必要强化检察机关的队伍建设。在21世纪，有关检察队伍建设制度的大量出台，也说明了检察制度建设已经走上了业务、队伍建设兼顾的理性发展道路。

总之，自检察机关恢复重建的三十多年里，伴随着中国社会法治进程的日益加快，检察制度建设也步入了一个新的历史时期，体现了可持续、相对快速的发展特点，也推动检察工作日益步入专业化、制度化、规范化的轨道，使检察制度建设取得了较大成效。

第二节　检察制度的顶层设计与基层实践

任何制度都存在顶层设计与普遍执行的问题，检察制度亦不例外。在当代中国检察制度体系中，既要重视最高决策层（如全国人民代表大会及其常委会、中央政法委、最高人民检察院等）的设计定制，也要重视检察制度在基层的具体实践。

一、检察制度的顶层设计

在一个国家要实现法治，首先应当有“良法”。检察制度的顶层设计就承担着制造“良好”的使命，这是法治的基础。因此，检察制度的顶层设计是一个事关全局的系统工程，应当遵循一定的原则，采取科学的方法和程序，以保证检察制度顶层设计符合当代中国国

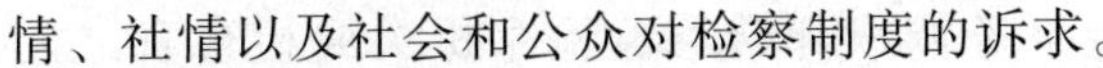

情、社情以及社会和公众对检察制度的诉求。

（一）检察制度顶层设计的重要原则

从当代中国检察制度的建设来看，检察制度的顶层设计既是一个自上而下的建设过程，也是一个自下而上的联动过程。在这个过程中，要保证检察制度的科学合理性，符合中国的国情，检察制度顶层设计必须遵循以下几个原则：

一是坚持四项基本原则。即必须坚持社会主义道路、必须坚持人民民主专政、必须坚持共产党的领导和必须坚持马列主义、毛泽东思想。这四项基本原则是我们建国经验的总结，已经写入我国宪法中，是指导我国社会主义各项事业以及一切工作必须遵循的根本准则，当然也是指导当代中国检察制度建设和检察制度运行的根本原则。

二是依法独立行使检察权原则。即人民检察院依照法律规定独立行使检察权，不受行政机关、社会团体和个人的干涉。依法独立行使检察权是我国宪法所规定的一项根本原则，是保证我国司法公正的重要原则。这一原则体现了我国检察权的权威性和重要性，也是我国检察制度建构和运行的重要保障。

三是保护人权原则。即检察机关负有保护公民诉讼权利、实体权利不受侵犯的义务。我国宪法和法律明确规定，中华人民共和国公民的人身自由、民主权利不受侵犯。《人民检察院组织法》第6条规定："人民检察院依法保障公民对于违法的国家工作人员提出控告的权利，追究侵犯公民的人身权利、民主权利和其他权利的人的法律责任。"由此可见，保护公民的人权无疑是检察制度建构和运行过程中的一项重要原则。

四是检察一体化原则。即检察系统上下构成一个完整的体系、检察机关或检察官行使检察权协同配合、检察职能统一行使的一种检察组织原则和检察活动方式。我国宪法规定，最高人民检察院领导地方各级人民检察院和专门人民检察院的工作，上级人民检察院领导下级人民检察院的工作。检察一体化原则主要包含以下内容：上级检察机关或检察官领导下级检察机关或检察官、各地和各级检察机关或检察官之间具有职能协助义务、上级检察机关或检察官对下级检察机关或检察官可以进行事务调取和转移、检察机关或检察官之间可以进行职务上的相互承继和代理等，检察一体化是检察制度建构及运行过程中需要坚持、实践和丰富的重要原则。

五是保障司法公正原则。即检察制度的建设要坚持有利于保证司法活动及其结果的客观公正。司法公正是司法机关和诉讼参与人所追求的共同价值，也是维系社会稳定和谐的根本保障。在任何一个社会，如果不能满足人们对司法公正的最低要求，就没有理由要求人们去遵循国家制定的法律，社会稳定和秩序也就会荡然无存。因为司法是保障和实现社会公平正义的最后一道屏障，如果这一道防线无法实现公平正义，那么人间就没有正义可言。可以说，司法公正是司法的根本宗旨，是在全社会实现公平正义的最低要求，也是一个社会最先应当做到的。因此，我国在检察制度构建时，就必须保证司法公正能够得以实现，即应当坚持保障司法公正的原则。

此外，在检察制度顶层设计时，还应当注意以下问题：一是顶层设计要依法进行，避免制度之间产生矛盾和冲突。二是要注意制度的稳定性和及时制定制度之间的关系，避免制度过于超前或落后，有效保持制度的可适用性。三是顶层设计要处理好借鉴吸收与总结实践经验的关系，特别是在改革年代，应当采取试点探索、总结经验、循序渐进的方法。总之，当代中国检察制度的顶层设计意义重大、责任重大，应当考虑各种因素，特别注意应做到贴近实践、注重实效。

（二）检察制度顶层设计的内容

在依法治国的大框架下，检察制度的顶层设计至关重要，是最基础的系统工程。检察制度的顶层设计是检察权运行的风向标和里程碑，是检察行为的最高合法依据。从检察制度顶层设计的主体上看，检察制度顶层设计的内容包括全国人民代表大会及其常务委员会制定的相关法律及文件、中共中央相关的文件规定、最高人民检察院制定的相关司法解释及其规定。从检察制度设计的目的上看，检察制度设计的核心目的是对检察权行使的规制，同时也包括对检察人员的规制，因而检察制度顶层设计的内容包括对检察权、检察人员规制的相关规章制度。

从有关检察权的制度上看，主要规定了检察权的具体内容和检察权行使要求两方面的内容。一方面，关于检察权的具体内容，目前检察制度主要规定了检察机关享有以下检察权：（1）检察侦查权。即检察机关依法享有对职务犯罪案件进行立案侦查的权力。例如我国《刑事诉讼法》第18条第2款规定："贪污贿赂犯罪，国家工作人员的渎职犯罪，国家机关工作人员利用职权实施的非法拘禁、刑讯逼供、报复陷害、非法搜查的侵犯公民人身权利的犯罪以及侵犯公民民主权利的犯罪，由人民检察院立案侦查。对于国家机关工作人员利用职权实施的其他重大的犯罪案件，需要由人民检察院直接受理的时候，经省级以上人民检察院决定，可以由人民检察院立案侦查。"根据有关检察制度规定，检察侦查权包括讯问权、询问权、勘验权、检查权、搜查权、查封权、扣押权、拘传权、监视居住权、取保候审权、拘留权等一系列权力。（2）批捕和决定逮捕权。即检察机关享有对公安机关侦查的刑事案件进行审查批准和对自行侦查的职务犯罪案件决定逮捕犯罪嫌疑人、被告人的一种权力。我国《刑事诉讼法》第85条规定："公安机关要求逮捕犯罪嫌疑人的时候，应当写出提请批准逮捕书，连同案卷材料、证据，一并移送同级人民检察院审查批准。"第163条规定："人民检察院直接受理的案件中符合本法第七十九条，第八十条第四项、第五项规定情形，需要逮捕、拘留犯罪嫌疑人的，由人民检察院作出决定，由公安机关执行。"此外，我国法律和有关检察制度还规定，检察机关享有不批准逮捕权、撤销批准逮捕权、撤销不批准逮捕权、决定不逮捕权、撤销逮捕决定权等。（3）刑事公诉权。即检察机关依法享有对刑事案件的被告人进行公诉的一种权力。我国《刑事诉讼法》第167条规定："凡需要提起公诉的案件，一律由人民检察院审查决定。"我国法律和有关检察制度还规定，检察机关享有刑事起诉权、刑事不起诉权、刑事抗诉权等职权。（4）诉讼监督权。即检察机关依法享有对各种诉讼活动进行法律监督的一种权力。我国《刑事诉讼法》第8条规定："人民检察院依法对刑事诉讼实行法律监督。"《民事诉讼法》第14条规定："人民检察院有权对民事诉讼实行法律监督。"《行政诉讼法》第11条规定："人民检察院有权对行政诉讼实行法律监督。"我国法律和有关检察制度对检察机关的诉讼监督权作了全面规定，就刑事诉讼监督权来说，它包括立案监督权、侦查监督权、审判监督权和执行监督权等。（5）行政执法监督权。即检察机关对行政执法机关在行政执法行为过程中存在的违法行为，依法享有提出检察建议的一项权力。例如《人民检察院检察建议工作规定（试行）》规定，人民检察院在检察工作中发现行政执法机关存在管理制度不完善、不落实，存在犯罪隐患的；在行政执法过程中存在苗头性、倾向性的不规范问题，需要改进的等，有权进行法律监督，提出检察建议。另一方面，关于检察权的行使要求，我国制定了许多检察制度，例如最高人民检察院制定的《人民检察院刑事诉讼规则（试行）》，对检察机关各项职权行使的条件、范围、程序等，都作了明确规定。

从有关检察人员管理制度上看，主要规定了对检察人员办案的要求和行为规范的要求。就对检察人员办案的要求来说，最高人民检察院制定了许多检察制度，例如 1998 年 5 月 15 日制定的《检察机关办案纪律九条硬性规定》，包括严禁超越管辖范围办案、严禁对证人采取任何强制措施、立案前不得对犯罪嫌疑人采取强制措施、严禁超期羁押、不得把检察院的讯问室当成羁押室、不得违反规定使用技术侦查手段、不得在办案中搞刑讯逼供、严禁截留或挪用或私分扣押款物。又如 2001 年 5 月 22 日出台的《检察机关办理案件必须严格执行的六条规定》，包括举报线索必须统一管理，个人不得私自处理，更不得瞒案不报、压案不查；立案必须严格执行法定的案件管辖、立案条件和程序；撤销案件，必须严格审批手续，不得违反规定立案、撤案；审查逮捕必须严格依法进行，公安机关认为不批准逮捕的决定有错误要求复议的，必须更换承办人予以复议；变更、撤销逮捕措施，必须严格按照法律规定的条件和程序进行，不得随意、私自变更、撤销逮捕措施；审查起诉必须严格依法进行，公安机关认为不起诉的决定有错误要求复议的，必须更换承办人予以复议；办理申诉案件必须由两名以上办案人员依法进行，不得私自接待申诉人，不得私自处理申诉案件等。就检察人员的行为规定来说，最高人民检察院先后出台了《检察人员纪律处分条例》、《人民检察院执法办案内部监督暂行规定》、《检察人员廉洁从检十项纪律》、《关于严禁检察人员违规驾车的四项规定》、《五条禁酒令》等20多个相关纪律作风建设规章制度。这些规章制度的出台，体现了“严格、公正、规范、廉洁、文明”司法要求，在一定程度上遏制了违规办案、司法不公、司法不严以及检察人员自身行为的失范，推进了检察机关司法办案的正规化、规范化、制度化建设，也为检察队伍纪律作风建设的可持续发展提供了有效保障。

（三）重要的检察制度

20世纪末至21世纪的十多年来，检察制度的发展以前所未有的速度在推进，产生了许多检察制度，对中国法治进程也产生了深远影响。这些制度的诞生以及运行，不仅反映了社会民众对检察权和检察队伍规制的要求，也体现了检察机关自身对民主法治的追求。这主要包括以下一些检察制度：

1. 检务公开制度

1998年10月25日，最高人民检察院发布了《关于在全国检察机关实行“检务公开”的决定》（以下简称《决定》），强调为落实十五大精神，努力实践依法治国的基本方略，自觉接受人民群众和社会各界的监督，保证检察机关公正司法，决定在全国检察机关普遍实行“检务公开”。并提出，要把实行“检务公开”作为检察改革的重要内容，以改革的精神，解放思想，锐意进取，开拓创新，破除检察工作中的神秘主义，切实公开检察活动，真诚欢迎监督，自觉接受监督。用人民拥护不拥护，赞成不赞成，满意不满意作为检验检察工作的根本标准。《决定》将“检务公开”的内容确定为“人民检察院的性质、任务和职权，内部机构设置情况及工作职能”；“人民检察院司法活动的法律依据”；“人民检察院的活动原则、工作制度、规程和要求”；“人民检察院直接受理立案侦查案件的范围、立案标准等”；“诉讼参与人的权利、义务”；“人民检察院受理举报、控告、申诉和复查案件的工作规程”；“人民检察院及其工作人员办案纪律规范”；“人民检察院及其工作人员违法违纪行为的举报、控告的途径、方法”。上述内容也简称《人民检察院“检务十公开”》。可以说，“检务十公开”的推行，将检察机关业务建设推向了一个崭新的历史阶段，它在一定程度上解决了长期以来司法神秘主义造成的群众对检察机关的隔膜，既增强了检察机关的亲和力，也为法治文明建设创造了良好条件。当然，要使社会和公众对检察机关的全面了解，确实还需要较长的时间。这也是检务公开制度持续运行的价值所在，是检察制度文化可持续建设的价值所在。

2. 人民监督员制度

2003 年 9 月 2 日，最高人民检察院第十届检察委员会第九次会议通过了《关于实行人民监督员制度的规定（试行）》（以下简称《规定》），明确提出：人民检察院查办职务犯罪案件，实行人民监督员制度，接受社会监督。人民检察院应当保障人民监督员履行监督职责，认真对待人民监督员提出的意见和建议。人民监督员对人民检察院查办职务犯罪案件的下列情形实施监督：一是犯罪嫌疑人不服逮捕决定的；二是拟撤销案件的；三是拟不起诉的。上述内容俗称“三类案件”。《规定》还提出，人民监督员发现人民检察院在查办职务犯罪案件中具有下列情形之一的可以提出意见：一是应当立案而不立案或者不应当立案而立案的；二是超期羁押的；三是违法搜查、扣押、冻结的；四是应当给予刑事赔偿而不依法予以确认或者不执行刑事赔偿决定的；五是检察人员在办案中有徇私舞弊、贪赃枉法、刑讯逼供、暴力取证等违法违纪情况的。这些内容也被称为“五种情形”。

从 2003 年 10 月，最高人民检察院决定在湖北、天津、四川等 10 个省、自治区、直辖市检察机关试行人民监督员制度。2004 年 10 月 1 日起，人民监督员试点工作扩展到全国所有省、自治区、直辖市。2010 年 10 月，人民监督员制度在全国检察机关全面推行。仅从 2003 年 10 月至 2011 年底，各地人民监督员共监督案件 35514 件，提出不同意人民检察院原拟定意见的有 1653 件，其中，908 件的人民监督员表决意见被人民检察院采纳，占 54.93%。[①] 2014 年 9 月 4 日，最高人民检察院出台了《人民监督员监督范围和监督程序改革试点工

① 参见《中国的司法改革白皮书》，国务院新闻办公室 2012 年 10 月 9 日发布。

作方案》，决定在北京、吉林、浙江、安徽、福建、山东、湖北、广西、重庆、宁夏等省、自治区、直辖市人民检察院进行人民监督员选任管理方式改革试点。《方案》提出：根据中央司法体制改革部署，经中央领导同志和中央政法委批准，由司法行政机关负责选任管理人民监督员。这样一来，解决了人民监督员选任方面不中立的问题。同时，拓展了人民监督员监督案件范围，在原有人民监督员监督范围的基础上，将查办职务犯罪案件中“采取指定居所监视居住强制措施违法的”、“阻碍律师或其他诉讼参与人依法行使诉讼权利的”、“应当退还取保候审保证金而不退还的”三种情形纳入监督范围，由人民监督员启动相应监督程序。《方案》还进一步完善了人民监督员监督程序，完善了人民监督员知情权保障机制。作为一项改革创新项目，人民监督员制度当然还存在亟待深化和不断完善的地方，如正确考量人民监督员与检察机关的关系，保持两者适度的距离；人民监督员数量应该适中，成员素质要兼顾“精英化”和“大众化”；人民监督员制度法制化问题等。总之，检察机关人民监督员制度的确立，是司法民主的一大进步。从社会和公众比较关注的职务犯罪案件开始，接受人民监督员对此类案件的监督，一方面，可以避免检察机关在办理职务犯罪案件过程中滥用职权和监督缺失；另一方面，可以增强在自侦案件这一环节的司法透明度，提升检察机关的司法公信力。

3. 检务督察制度

2005 年最高人民检察院制定的《关于进一步深化检察改革的三年实施意见》（以下简称《实施意见》），明确提出了建立检务督察工作制度的要求。时任检察长贾春旺就此多次作出重要批示，要求抓好试点并不断总结经验，逐步完善和推行检务督察制度。《实施意见》提出：要“建立以纠正违法办案、保证案件质量为中心的检务督察制度。对检察机关立案、侦查、审查逮捕、审查起诉、出庭公诉等各个环节进行跟踪监督，形成统一、全程、严密、高效的执法监督体系”。较早实行检务督察的地区有山东、河南、北京等，特别是山东省检察机关，建立了比较完善的检务督察工作机制，检务督察部门也取得了地方人事部门赋予的正式编制，这在全国各地也是不多见的。在检务督察制度施行的过程中，存在三个趋势：一是上下结合的趋势。最高人民检察院第十届第四十二次检察长办公会于2007年10月8日讨论通过《最高人民检察院检务督察工作暂行规定》，为各级检察机关开展检务督察提供了重要依据。之后，各地检察机关也积极出台本地区的检务督察规定。如2007年8月1日，北京市人民检察院一分院制定了适用于本院的《检务督察实施细则（试行）》；2008年6月30日，北京市人民检察院制定了《北京市人民检察院检务督察工作细则（试行）》。二是逐步深化的趋势。从检务督察的实践来看，各地出现过“督察是个筐，大事小事往里装”的现象，甚至一些理应由职能部门自己履行的职责，也变相的由督察部门代劳了。如一些地区的检察机关，督察部门对干警上下班迟到早退的督促检查，对值班干警是否到岗进行检查。这种现象表明，督察偏离了司法办案这个中心环节，其效果必然会大打折扣。当然，目前情况已经有了很大的转变，许多基层检察机关逐步认识到，检务督察的核心与重点乃是对司法办案的监督、对案件质量等方面的督促检查。当然，这种督促检查又要与现行的案件管理办公室职能有所区分。三是增强专业化的趋势。囿于检务督察依附于司法办案这个重点，要求督察人员必须走专业化道路自然也在情理之中。尤其是在司法改革、检察改革情势下，检务督察走专业化建设道路也成为其不断发展的模式选择。因此，检务督察制度的产生和发展，符合检察机关“强化法律监督与强化自身监督并重”的要求，也是保障检察机关司法办案规范化建设的重大举措。

除了上述三项检察制度外，最高人民检察院还制定了其他一些检察制度，例如案件管理制度、同步录音录像制度、自行侦查案件决定逮捕权上提一级制度、附条件逮捕和附条件不起诉制度等。其中，有的检察制度已经上升到法律层面，如检察机关办理自侦案件讯问犯罪嫌疑人实行同步录音录像制度，已被新修订的《刑事诉讼法》所采纳，即《刑事诉讼法》第121条规定：“侦查人员在讯问犯罪嫌疑人的时候，可以对讯问过程进行录音或者录像；对于可能判处无期徒刑、死刑的案件或者其他重大犯罪案件，应当对讯问过程进行录音或者录像。录音或者录像应当全程进行，保持完整性。”

从与时俱进的角度看，当代中国检察制度显然也包括队伍建设以及检察官与其他检察人员的管理制度，诸如主任检察官制度、主办侦查员制度、分类管理制度。我们有理由相信，这些制度的全面推行与实施，无疑会为当代中国检察制度建设涂上浓墨重彩的一笔。

自 1978 年至今，尤其是进入 21 世纪的十几年时间里，综观当代中国检察制度建设的历史轨迹，检察制度建设进一步迈上可持续发展的轨道，制度建设总体上体现出了四方面的文化内容：一是伴随着依法治国的提出以及人治向法治转型的需要，制度建设侧重于对人权保障的现实呼应。二是伴随社会和公众对公平正义的诉求，检察制度建设越来越注重惩治与保护并重、实体与程序并重、效果与效率并重。三是回应了人们对高素质、专业化检察队伍建设的呼声，检察制度建设在客观上进一步兼顾了强化法律监督与强化自身监督的并重。四是伴随着现代司法文明的进展，检察制度的建设在对域外司法文明及其人权保障借鉴方面，思想更解放，实践步伐更快，检察制度自信更坚定。

二、基层检察机关的检察实践

检察制度建设不仅在于检察制度的构建，更重要的在于检察制度的实践。检察制度的实践不仅需要最高人民检察院、省市级人民检察院的实践，更需要广大的基层人民检察院的实践。基层检察机关的检察实践不仅是实施检察制度的重要基础，也是最高人民检察院制定检察制度生动丰富的实践土壤。

基层检察机关的实践活动，为制度顶层设计提供了大量生动丰富的案例。例如 2001 年在全国推行的主诉检察官制度，源于 1998 年北京市海淀区人民检察院的主诉检察官探索，也被称为“海淀模式”。因此，基层检察机关在检察制度构建方面不是被动的，可以进行必要的前期探索。这种探索在检察制度构建中具有“准制度”的性质，一旦在基层检察机关内运行取得良好效果，就可能被转化为正式的检察制度。换言之，基层检察机关本身的“制度定制”会为检察制度的建构提供重要基础和参考。即使仅限于基层检察机关自身适用的内部规章，如果它本身填补了最高人民检察院在检察制度方面的空白，这种探索本身就为检察制度的建构发挥了无可替代的创新作用。

基层检察机关的检察实践，是确保政令畅通、检令畅通不可忽视的基础环节。从我国检察实践看，基层检察机关的检察实践主要包括对最高人民检察院有关检察制度的执行、对党委有关文件和规定的落实以及基层检察机关自身的检察实践探索三方面的内容。

（一）执行高检院的相关检察制度，体现“检令”畅通的要求

基层检察机关的检察实践，首先就是执行最高人民检察院制定的各项检察制度。例如 2008 年，为了执行最高人民检察院制定的《人民检察院扣押、冻结涉案款物工作规定》的要求，北京市人民检察院制定出台了《北京市检察机关扣押、冻结涉案款物管理办法》，就扣押冻结款物的程序流程进行了较为详细的规定，解决了扣押冻结款物随案移送各个环节的实际问题，强化了侦查人员、证物管理人员各自的责任，对规范检察机关自侦案件扣押、冻结款物等起到了促进作用。再如，为了执行最高人民检察院制定的《人民检察院刑事诉讼规则（试行）》有关死刑复核法律监督的规定，天津市人民检察院 2015 年 12 月制定出台的《死刑案件口供审查规范（试行）》，从进一步规范司法行为，确保命案质量，强化被告人供述和辩解的客观性验证，引导办案人员全面、准确地审查、判断和运用口供，强调要树立“依法审查、客观验证”的口供审查理念，确立了“合法性审查优先原则、客观性证据验证原则、全面系统审查原则、相互补强印证原则”。对被告人供述、被告人辩解以及供证矛盾的审查，也进行了具体的规制。这一规范虽然仅是一个地方检察机关的规定，但是对于落实少杀、慎杀刑事司法政策和落实高检院有关死刑复核法律监督的规定，都具有积极的推进作用。

（二）执行各级党委的有关规定，体现“政令”畅通的要求

基层检察机关的检察实践，除了执行高检院的有关检察制度外，还应当坚持党的领导，贯彻落实各级党委的有关规定。例如 2014 年，最高人民检察院党委制定出台了《中共最高人民检察院党组关于落实党风廉政建设主体责任的实施意见》（高检党发〔2014〕20 号）、《中央纪委驻高检院纪检组最高人民检察院监察局关于落实党风廉政

建设监督责任的实施意见》（高检纪监〔2014〕5号），这两个意见均是落实十八届三中全会《关于全面深化改革若干重大问题的决定》第36条“落实党风廉政建设责任制，党委负主体责任，纪委负监督责任，制定实施切实可行的责任追究制度”（以下简称落实“两个责任”）的要求。为了落实高检院党委的上述规定，各省级检察机关均制定了各自落实党风廉政建设“两个责任”的实施办法，如湖北省人民检察院党组制定出台了《中共湖北省人民检察院党组关于落实党风廉政建设主体责任的实施办法》（鄂检党发（2014）5号）、《中共湖北省纪委驻湖北省人民检察院纪检组湖北省人民检察院监察处关于落实党风廉政建设监督责任的实施意见》（鄂检纪监〔2014〕2号），北京市检察院党组制定出台了《北京市检察机关落实党风廉政建设主体责任和监督责任的实施办法》（京检党发〔2015〕1号）等，这些均是执行“政令”要求的具体行为，体现了检察机关绝对坚持党的领导，检察机关党的建设只能加强、不能削弱，这是检察机关有效执行检察制度的政治保证。

（三）进行有关改革探索，体现检察机关的创造性

从检察实践看，由于各地经济发展、历史传统、文化环境等方面的不同，使得各地检察机关在检察业务、队伍建设方面遇到的问题不同，从而促使各地检察机关进行各具特色的改革探索活动，为我国检察制度的创新发展提供了不竭源泉。如为了规范毒品犯罪案件证据的适用，北京市人民检察院一分院制定了《毒品犯罪案件证据审查与运用规范》，经过一段时间的实践，取得了统一司法标准、规范毒品证据审查等良好的效果。为了推广该经验做法，北京市人民检察院制定了《关于转发市检一分院〈毒品犯罪案件证据审查与运用规范〉的通知》（京检诉二发〔2014〕142号），从而将北京市人民检察院一分院制定的《毒品犯罪案件证据审查与运用规范》的效力上升到北京市检察院制度的效力。又如合肥市人民检察院2013年4月15日制定了《特约检察员工作办法》（合检发〔2013〕52号），明确规定了特约检察员的条件、职责、权利义务、聘请程序和任期、组织管理、有关纪律等内容，其主要内容包括：（1）特约检察员以个人身

份参与检察机关工作期间，应自觉遵守国家宪法和法律，遵守《检察人员纪律》和检察机关规章制度。（2）特约检察员不得在检察机关内部发展党派成员、建立党派组织。（3）不得以特约检察员身份处理与其职责无关的检察业务事项。（4）对违反法律、纪律和规定的特约检察员，应予解聘等。这些规定不仅解决了对特约检察员相应的管理与制约问题，也为今后最高人民检察院制定相关的检察制度，提供了开创性经验。

总之，我们认为，从规制检察权运行、检察人员行为出发，以检察制度建设为目标，不仅要重视具有法律效力的检察制度的建设，也要重视基层检察机关基于自身需要而进行的“准检察制度”的创新实践探索，以形成以宪法对检察制度的规定为根本，以国家基本法律对检察权的规定为核心，以高检院相关司法解释和司法规范为基础，以基层检察机关出台的规范性文件为补充，涵盖检察工作各个方面比较完备的检察制度体系。

三、检察制度的运行

在现代社会，法治需要法律制度的制定，更离不开法律制度的实践运行。当法律制度游离于实践，或者在实践中罔顾制度的存在，行为不受制度约束时，不仅是法律制度的生命力受到摧残，治国理政各项事务也必然陷于盲目的无规则状态。检察制度也存在一个落实、执行和实践的问题。因此，应当将法律制度的执行纳入检察制度建设的范畴，这对于我国的依法治国具有积极的现实意义。

严格的法律制度运行与严格的法律制度制定同样重要。好的法律制度如果得不到有效运行，当然无法取得预期的效果；当法律制度运行出现问题时，如果不采取措施加以研讨和有效解决，就会使法律制度失去自身应有的作用。因此可以说，法律制度的运行也是法律制度构建不可忽略的内容，将静态的法律制度落实到生动丰富的检察实践，不仅是检验法律制度优劣的需要，也是法律制度体现自身价值的关键，检察制度只有在检察实践运行中，才能获得生命力，只有在检察实践运行中，才能体现出检察制度的魅力。从检察制度实践运行的构成要素看，当代中国检察制度的运行包括运行依据、运行部门和运行主体三方面内容。

（一）检察制度运行的依据

在我国，检察制度的具体内容主要体现在法律和司法解释中，这些都是我国检察制度运行的依据。具体来说，我国检察制度运行的依据包括宪法、宪法性法律文件、基本法律、一般法律和司法解释等。要保证检察制度的全面有效运行，不仅要求检察机关和检察人员应当严格贯彻执行这些法律和司法解释，而且要求各级国家机关、企事业单位、社会团体和人民团体普遍服从、尊崇和信奉法律，理解和支持检察工作。从目前检察实践看，应当做好以下几方面的工作：

一是要树立法律的威严和威信。检察制度首先是一种法律制度，这种法律制度从产生到运行均离不开社会和公众对法律的服从和尊崇。为此，十八大报告中明确提出："要推进科学立法、严格执法、公正司法、全民守法，坚持法律面前人人平等，保证有法必依、执法必严、违法必究。"因此，要有效贯彻落实检察制度，就必须增强全社会和全民的法治意识，树立法律的权威。

二是要坚持社会主义法治原则和社会主义法治理念。我国已经确立了"富强、民主、文明、和谐，自由、平等、公正、法治，爱国、敬业、诚信、友善"的社会主义核心价值观。[①] 这为检察制度的运行提供了普遍的思想保障。在此基础上，全面坚持"有法可依、有法必依、执法不严、违法必究"的社会主义法治原则，坚持"依法治国、公平正义、执法为民、党的领导、服务大局"的社会主义法治理念，不仅会营造良好的法治氛围，也为检察制度的运行指明了前进方向。要正确理解党领导政法工作（包括检察工作）的内涵，认真落实党的十八大提出的"任何组织或者个人都不得有超越宪法和法律的特权，绝不允许以言代法、以权压法、徇私枉法"的要求。

三是要有效解决行政对检察制度运行的影响。目前，在新一轮的司法体制改革中，最高决策层提出的"改革司法管理体制，推动省

① 参见党的十八大报告："倡导富强、民主、文明、和谐，倡导自由、平等、公正、法治，倡导爱国、敬业、诚信、友善。"

以下地方法院、检察院人财物统一管理，探索建立与行政区划适当分离的司法管辖制度，保证国家法律统一正确实施”[①] 的改革方案，是解决行政对检察制度运行影响的关键措施，各地政府应当积极落实党中央的要求，制定切实有效的措施，有效防止行政机关对检察制度运行的干扰。同时，检察机关也应当积极探索和推进检察人员分类管理、检察官员额制、完善检察职业保障制度等改革内容，以解决检察机关管理存在的行政化问题，发挥检察官在司法办案方面的积极性，有效提高检察机关司法办案质量和效率，切实保障司法公正的实现。

（二）检察制度运行的部门

根据我国法律规定，检察机关是我国的法律监督机关，依法独立行使检察权。由此可见，检察机关是我国检察制度运行的职能部门，其他国家机关都不能行使检察权，都不是检察制度的运行主体。各级检察机关在执行检察制度、履行检察职能时，应当做到依法独立公正行使检察权，要坚持检务公开、司法便民、司法为民等，以实现“维护社会公平正义”的目标。具体来说，检察机关在检察制度运行工作中，应当做到以下几方面的要求：

一是要增强尊崇检察制度的意识。检察机关作为检察制度运行的职能部门，要将具体的检察制度落实到实践之中，就必须尊崇宪法、法律赋予的使命，必须自觉能动地履行职责，上至宪法、法律规定，下到相关司法解释和检察队伍管理规定，只有将其落实到具体的实践之中，才能实现检察制度由静态到动态的转变，实现检察制度自身应有的价值，也才能发挥检察机关的职能作用，有效促进我国依法治国的实现。

二是要增强法律监督意识。检察机关作为国家的法律监督机关，要履行好法律监督职能，就应当树立敢于监督、善于监督、监督到位、监督不缺位的意识。敢于监督，要求检察机关和检察人员不畏强权、排除干扰，坚持实事求是，坚持维护宪法和法律尊严；善于监

① 参见2013年11月12日中共中央《关于全面深化改革若干重大问题的决定》第32条。

督，要求检察机关和检察人员提升法律监督水平，增强法律监督实效；监督到位不缺位，要求检察机关和检察人员不能浅尝辄止、畏手畏脚，把监督的触角体现在检察权运行的各个环节。从广义上讲，在宪法法律赋予的职责范围内，检察机关履行各项检察制度，其体现的价值就是服务治国理政，服务社会和公众，为社会奉献出合格的法律监督产品。如果一个检察机关怠于履行法律赋予其应尽的职责，其应有的社会价值必然遭到致命的削弱。

三是要提升整体的制度执行力。检察制度的有效执行，不仅离不开检察人员的思想观念，更离不开检察人员的业务素质。因此，要保证检察制度的真正有效落实，必须提升检察制度的整体执行力，提高检察人员的整体素质，必须避免和克服检察人员怠于执行检察制度和消极执行检察制度的倾向。为此，各级检察机关都应当加强检察队伍正规化、职业化、专业化建设。

（三）检察制度运行的主体

根据我国法律规定，检察制度的运行主体是检察机关，但从目前检察实践看，检察制度运行的最直接主体是代表检察机关依法履行检察权的检察人员。只有依靠全体检察人员丰富庞杂的司法办案活动，才能保证各项检察制度的全面有效贯彻落实，才能实现检察制度的应有价值。

在检察实践中，检察人员履行职责的过程，实质上就是检察制度遵守和运行的过程。就检察制度来说，其本身包含了“应当为”和“不应当为”的要求。因此，检察人员在检察制度运行过程中，就要求检察人员严格遵循法律赋予的各项检察职能和要求，严禁越权办案、越权司法、越权行使职能。同时，检察人员还应当遵守检察机关内部的各种规范，符合《检察人员执法工作基本规范》等业务管理的要求，符合检察队伍建设尤其是纪律作风建设制度的要求，以积极进取的态度投身于检察职业活动，进而建构起为社会和公众所普遍认可的“检察职业良心”和“检察职业精神”。

这里我们用新疆石河子市人民检察院监所检察科原检察官张飚的事迹，来揭示检察官以积极进取的精神履职对检察制度运行的重要意义。张飚以认真负责的态度和持之以恒的精神助推了张辉叔侄冤案的最终平反。[①] 2005 年，张高平被送到新疆石河子监狱服刑。其间，张高平一直喊冤，引起了检察官张飚等人的重视。张飚及其他检察官分析案情后，一直坚持帮助张氏叔侄申诉，直至张氏叔侄冤案被平反。在帮助张氏叔侄俩平反的过程中，张飚坚持了 5 年，因为这种执着，张飚也被媒体称为“冤案平反的幕后英雄”，被律师们称为“体制内的健康力量”，还荣获了 2013 年“最美检察官”的光荣称号。2013 年 12 月 6 日，张飚荣膺全国“模范检察官”称号。可见，检察人员作为检察制度最直接的履行主体，其积极能动地履行职责，对检察制度的具体运行意义深远。唯有如此，才能实现习近平总书记所讲的“让人民群众在每一个司法案件中都感受到公平正义”。

第三节　检察制度文化发展走向

从检察制度的制定到检察制度的运行，本身就透射着检察制度文化的发展和变化。对于当代中国检察制度文化而言，目前还处于发展的初级阶段，在未来的建构和发展过程中，应该坚持什么、应该注重什么、应该凸显什么等，都是理论界和实务界应当厘清的基本问题。因此，我们不能仅仅对当代中国检察制度文化的制度载体本身进行研究，而应当从这种制度载体中跳出来，探寻检察制度文化中固有的思想精神和价值取向。我们还应当克服思想上的教条、行动上的迟缓以及精神上的桎梏，以对检察制度文化高度负责的精神，高举思索的火炬，积极探寻当代中国检察制度文化未来发展的脉络和走向。

---

① 2003 年 5 月 23 日，张辉、张高平叔侄被刑事拘留，同年 6 月 28 日被逮捕。2004 年 2 月，杭州市人民检察院以张辉、张高平涉嫌强奸罪向杭州市中级人民法院提起公诉。2004 年 4 月 21 日，杭州市中级人民法院以强奸罪分别判处张辉死刑、张高平无期徒刑。2004 年 10 月 19 日，浙江省高级人民法院二审分别改判张辉死刑、缓期二年执行，张高平有期徒刑十五年。2013 年 3 月 26 日，经浙江省高级人民法院依法再审公开宣判，认定原判定罪、适用法律错误，宣告张辉、张高平无罪。2013 年 4 月，浙江省政法委成立调查组，彻查聂海芬等冤案侦查、起诉、审判等全部司法过程中涉案人员。

一、注重传统文化的影响

传统文化是现代文化的来源，也是现代文化的制约因素。在人类漫长的历史演进过程中，从来没有一种力量能够和传统文化的影响力相抗衡，也从来没有不受传统文化影响的制度建构。人类文化历经了农业化、工业化和信息化三次大飞跃，农耕文明、工业文明、后工业文明以及高度发达的信息时代，体现了文化阶梯式、传承式、混合式的衍生进展过程。但不可否认的是，文化或者说文明的每一个进展，都伴随道德的牺牲。正如康德所言："物质的每前进一步，道德都要付出相应的代价。"在建设现代法治国家的进程中，人们把社会公平正义的最后一道防线寄于司法，于是伴随着司法公正呼声愈演愈烈之势，构建相应的司法制度公信力就成为题中应有之义。因此，重建检察制度文化毫无疑问要面对中国传统文化的影响，厘清传统文化对检察制度文化建设的关系至关重要。

（一）当代中国检察制度文化与中国传统文化有着天然的联系

在我国传统文化中，正心、诚意、修身乃是齐家、治国、平天下之根本。"内圣"的功夫是"外王"事业的根本。"德者才之王，才者德之奴"，"德者，事业之基，未有基不固而栋宇坚久者"。在司法精英化、司法职业化、司法专业化呼声此起彼伏的当代，如果检察制度中涉及的职业道德、职业操守不尽如人意，必然导致检察机关司法技术水平、司法结果难以服众。正如十八届四中全会《决定》中所指出的："要坚持依法治国和以德治国相结合……既重视发挥法律的规范作用，又重视发挥道德的教化作用，以法治体现道德理念、强化法律对道德建设的促进作用，以道德滋养法治精神、强化道德对法治文化的支撑作用，实现法律和道德相辅相成、法治和德治相得益彰"。可见，在构建当代中国检察制度时，应当关注其与传统文化的密切联系。

（二）传统文化是当代检察制度文化建设的基础条件

从当代检察制度文化建设方面看。离开了对传统文化的制度借鉴，其所期待的制度公信将难以树立，在纷繁复杂的检察职业活动中，更难以得到执行。"忠、孝、礼、义、廉、耻、仁、信"八德，不仅是传统文化的精华，更是其流传至今生命不息的火种。从狄仁杰到包青天，从海瑞到七品芝麻官，这些人物至今仍在民众中得到流传和赞赏，不仅反映了这些历史人物本身存在一种司法精神和情怀，也印证了检察制度文化借鉴传统司法文化的必要性。从民众期盼的司法者形象中不难看出，其评判标准离不开传统的文化内核，如果某个司法官员能够秉公执法，刚正不阿，就会被民众称为“包青天”、“青天大老爷”。这反映了传统文化对现代的影响，这也为检察制度文化建设提供了有益的借鉴，它启示我们，在借鉴传统文化时，不能离开社会和公众传承认可的基本文化价值。

（三）传统文化内核是当代检察制度文化发挥作用的根本保障

在当代检察制度文化建设中，要注意对传统文化内核的继承和发扬，这是当代检察制度能够发挥作用的根本保障。一方面，遵循惩恶扬善、对公平正义的维护、信守规则、实体与程序并重等价值理念，要求检察官人员必须具有足够的传统文化素养，如讲求诚信、讲求善良、讲求廉洁、同情弱势群体等朴素情怀。另一方面，从善法之治出发，检察人员也应当汲取传统文化的营养，对其自身进行充实、丰富和反省。从目前检察实践看，要改变社会公众中存在的“衙门的门朝南开、有理没钱别进来”、“官官相护”、“大檐帽两头翘、吃了原告吃被告”等消极评判，就必须重提检察制度文化中的传统精神，如“为民请命”、“替天行道”、“讲求和谐”等中国传统的文化精神。因此，对于传统文化，我们应当继承和发扬。毛泽东在《新民主主义论》中强调：“中国的长期封建社会中，创造了灿烂的古代文化。清理古代文化的发展过程，剔除其封建性的糟粕，吸收其民主性的精华，是发展民主新文化提高民族自信心的必要条件；但是绝不能无批判地兼收并蓄。”这也昭示我们，在未来的检察制度文化建构中，以批判的精神继承发扬中国传统文化的精华，是我们应当坚持的科学态度。

二、汲取世界司法文明成果

在我国检察制度文化建设过程中，面临着吸收人类优秀司法制度文明成果的问题。党的十八届三中全会明确提出："借鉴国外法治有益经验，但绝不照搬外国法治理念和模式。"要坚持马克思主义的文化评判观点，吸纳世界范围内的司法文明和文化营养，先哲蔡元培先生曾言："西学东渐、包并兼容，中西合璧。"要实现检察制度文化的包并兼容，就需要有开放的胸怀和态度，避免制度文化建设方面的闭关自守和消极退缩甚至夜郎自大。

（一）以正确的态度对待域外司法文明成果

在当今世界，和平与发展是当代国际关系的主流。在司法领域，司法合作、互相借鉴，也是各国司法发展的大趋势。因此，要使我国司法具有更广泛的影响力，检察制度文化建设就必须关注当代世界司法潮流，注意吸收现代世界司法的一切文明成果。现代司法具有走向统一、走向文明、走向科学、走向法治、走向人权、走向公正、走向和谐、走向规范等趋势。[①] 先哲蔡元培早在五四运动前就提出："以人道主义去君权之专制，以科学知识去神权迷信"。在蔡元培看来，"更为根本和重要的问题是教育和文化的问题"，"要建设现代中国文化，必须会通吸收中西两种文化的优秀成果方能有所成就"。[②] 就中国特色当代检察制度而言，我们要把检察制度文化更新内容定位于巩固本民族的检察制度特色，吸纳外来优秀司法制度文明成果。所谓"各美其美，美人之美，美美与共，天下大同"的描述，[③] 便是我们建构检察制度文化时，吸纳世界先进司法制度精华的最好诠释。当然，盲目照抄照搬，无原则的全盘吸收，也会导致检察制度自身失去生长的土壤，进而出现"橘生淮南则为橘、生于淮北则为枳"的尴尬局面。因此，我们在对待域外司法成果时，应当坚持科学的态度，根据我国的国情和现实需要，进行合理地借鉴吸收。

---

① 参见何家弘主编：《刑事司法大趋势》，中国检察出版社 2005 年版，第 2 页。

② 参见张汝伦编选：《文化融合与道德教化》，上海远东出版社 1994 年版，第 4 页、第 5 页。

③ 1990 年 12 月，在就"人的研究在中国——个人的经历"主题进行演讲时，著名社会学家费孝通先生总结的十六字"箴言"。

（二）以勇敢的实践扩大域外司法交流

近十多年来，上自最高人民检察院、下到各基层检察机关，与域外相关司法机关举办的交流、座谈、互相访问，数量庞大，内容丰富。其中，不乏对中外检察制度比较的内容。但从目前情况看，我们认为，应当鼓励和大力支持各地检察机关开展对外交流活动，应当从检察制度理念、检察制度理论、检察制度实务等方面，进一步加大对外交流力度，应当注重派遣一线司法办案和专门从事检察制度研究的人员赴域外学习交流。在推进司法交流方面，应当解决从座谈形式到实践形式的转变，可以通过外交途径，尝试派遣优秀检察官赴域外了解观摩相关国家检察制度的运行情况，甚至直接参与相关司法工作。从司法实践看，中加合作成功引渡赖昌星、中美合作“开平案件”等，都是司法制度交流与司法实务合作取得的显著成效，在检察制度借鉴域外文明方面，亟须跨出这实质性的步伐。域外交流必须注重实效，避免以往那种走马观花式的考察学习，要带着问题进行域外交流，争取达到解决问题的目的。

三、发挥检察制度文化的应有作用

在检察制度文化建设中，应当充分发挥当代检察制度文化的功能作用。由于检察制度文化本身体现着对公平正义的维护和保障、对规则的信奉和遵守、对权力的制衡等精神，因此，在我国检察制度文化建设过程中，应当注意更好地体现检察制度文化的以下作用：

（一）对社会和公众的法治教化作用

对社会和公众的法治教化作用，这是检察制度文化建设中的重要任务。著名法学家富勒曾讲：“最高的法律权力享有者负担不起在每一条街道安排一名下属来告诉人们如何去做的成本。”[①] 这启迪我们，应该用一种更新的方式去宣传法律，普及法治思想。而这种方式离不开文化的传播和浸透。对于检察制度文化而言，由于目前我国检

① 参见［美］富勒：《法律的道德性》，郑戈泽，商务印书馆2005年版，第171页。

察制度文化还处于初级发展时期，我国的检察制度不同于其他国家的检察制度，具有自己的特色，因而我国检察制度文化的法治教化任务更为艰巨。从检察实践看，要发挥好检察制度文化的法治教化作用，各级检察机关除了做好检察工作、加强检察宣传工作外，还应当具有开拓创新的精神。例如，我国检察制度中包含了检察机关对职务犯罪的自行侦查、决定逮捕以及提起公诉等职能规定，这种机构类似于香港的廉政公署。为了宣传检察机关的这种职能，扩大检察机关的影响，时任广东省人民检察院的检察长肖扬同志就提出："国外、境外有效运作的廉政机构，特别是香港廉政公署的功能、运作给了我们很多启发。结合我国的国情和检察机关的具体情况，我们认为，检察机关惩治贪污贿赂犯罪有效机制的出路，必须重新组建一个机构，必须鲜明地突出举报、侦查、预防等功能，运作必须系统配套，必须有足够权力、先进的装备，必须以法律的形式予以固定和保障。"[①] 经过他的努力，1988 年 8 月 18 日广东省人民检察院率先成立了反贪污贿赂局，之后，反贪污贿赂局在全国各级检察机关普遍成立。这一新的检察工作制度很快得到社会和公众的接受和认可，也很好地宣传了我国的检察制度。党的十八届四中全会《决定》提出："必须使人民认识到法律既是保障自身权利的有力武器，也是必须遵守的行为规范，增强全社会学法尊法守法用法意识，使法律为人民所掌握、所遵守、所运用。"因此，在我国检察制度文化建设中，应当充分发挥其对社会和公正的法治教化作用。

（二）对检察机关本身的引导作用

回顾检察制度本身的发展历程，我们不难发现，检察制度本身的建构、发展和充实过程，就是检察制度文化不断提升的过程。但从检察实践看，虽然我国检察制度不断发展和完善，但是，检察制度不可能包罗万象，不可能解决检察实践中遇到的一切问题，甚至在解决检察工作中的难点、症结点问题时，也难免存在某些滞后或者不相适应

① 参见肖扬：《反贪局是如何成立的》，载《党政论坛：干部文摘》2014 年第 1 期。

现象。在这种情况下，就需要发挥检察制度文化的指导作用，通过检察制度文化的核心价值，引导检察机关和检察人员去解决实践问题，不断推进检察制度的创新发展。因此，要做好检察工作，各级检察机关必须充分领会检察制度文化的精髓，注重发挥检察制度文化的引导作用，实现交互推进、融合发展的局面。例如 2006 年，为了落实“第十二次全国检察会议”精神，落实检察机关整体建设要达到“执法规范化、队伍专业化、管理科学化”的目标要求，北京市人民检察院第一分院党组经过调研探讨，结合本院在首都检察工作大格局中的位置，提出了“四个三发展思路”。[①] 通过“四个三”发展思路，形成了从干警个人到骨干检察官再到全院发展的三级发展层次，形成了个体有目标、团队有方向、发展有平台、一级促一级、层层有动力的整体运作模式。“四个三”发展思路是检察制度文化建设的成果，符合检察工作和现代科学管理的基本规律，促进了该院检察工作迈向一个新台阶。

从检察实践看，要充分发挥检察制度文化对检察工作的指导作用，应当注重以下三方面内容：一要注重对基层检察机关工作思路的影响。思路决定出路，正确的发展思路与前进方向往往会起到事半功倍的作用，这就要求各级基层检察机关深刻领会检察制度文化所包容的内核，同时，要求检察制度文化建设必须及时关注影响和制约检察机关可持续发展的关键问题，及时研究、提出指导性的解决意见和方法措施。二要关注检察制度文化建设的最新成果。例如为了落实高检院关于开展检务督察工作的意见，2008 年 6 月，山东省人民检察院迅速成立检务督察工作机构（正式编制），并建章立制、规范程序、快速启动。2008 年 6 月，全省 18 个市级院已全部成立检务督察

---

① 2016 年，北京市人民检察院第一分院院党组提出了以“三能”促“三型”，搭建“三个平台”，最终实现“三化”的“四个三”发展思路，推动各项检察工作向更高目标迈进。“三能”是指提升干警的“学习能力”、“业务实践能力”、“工作创新能力”，是基础工程。“三型”是指就是建设“学习型”、“创新型”、“健康型”检察院，是近期奋斗目标。“三个平台”是指为干警搭建“主诉检察官”、“主办检察官”、“主侦检察官”成长发展平台。“三化”是指最终实现“执法规范化”、“队伍专业化”、“管理科学化”。

机构。该院检务督察的工作实践表明，对最新检察制度及文化必须领会和关注，并付诸行动，才能真正促进检察制度文化建议。三要注重实践创新。新一轮的司法体制改革已经开始，这不仅是检察制度发展的新机遇，也是检察制度文化建设的重要时期。在这新一轮的司法体制改革中，中央对检察机关提出了四项改革任务，即检察人员分类管理、检察人员职业保障、司法责任制、省级以下检察院人财物统一管理。要完成这四项改革任务，不仅要注重检察制度创新，而且要注重进行检察制度文化重新。

（三）对检察人员个体的教化作用

制度是文化的载体，也是文化发展的内容，检察人员从事司法办案等具体的检察工作，不能对检察制度的发展置若罔闻，要对检察制度文化中体现的价值趋向和法治精神进行由表及里、由浅入深的理解和领悟。始终不能忽略检察人员作为检察制度文化建设的重要主体，必须使检察制度文化建设贴近检察实践、贴近检察人员的工作、贴近检察人员的所思、所想和所求。同时，检察制度文化建设还要担负起对检察人员个人职业生涯的正确指引，实现检察制度文化对检察人员个体的教化，引导检察人员积极地学习相关法律制度，不仅从表面上了解检察制度中含有的价值取向和精神追求，更应该深入理解和掌握法律条款中包含的立法精神和原则，即所谓“会读法条、读懂法条”。这里我们用一个案例来说明这个问题。20 世纪 90 年代，某公交车与一辆逆行摩托车相撞，导致摩托车驾驶员当场死亡。人民法院判决公交公司赔偿死者家属 6 万元。公交公司对生效判决不服，向检察机关提出申诉，检察机关接到申诉后，在充分了解案情的基础上，没有支持申诉人的请求。在接待公交公司代表时，检察官进行了如下释法说理：尽管死者是逆行驾驶摩托车，但作为公交车的驾驶员，应该尽到自己应尽的勤勉义务——对路况和行人始终关注并审慎驾驶，即使面对违章逆行的人员和车辆，也必须及时采取减速甚至停车等有效防范措施，以减少和避免事故的发生。因为法律并没有赋予公交车司机撞死违反交通规则的行人的权力。因此，公交公司应该给予死者适当的赔偿。公交公司代表听取了检察官的释法说理，表示服从法院的判决，后来，该公司还邀请检察官为全体公交车驾驶员进行了“安全驾驶专题法制宣传讲座”。

综上所述，当代中国检察制度文化建设虽然刚刚起步，但已显示出强大的生命力。我们要动员各方力量，以对历史负责的态度，倾心研究、深入实践，不断促进检察制度文化建设丰富和发展。

第五章　检察形象建设

“形象”一词，在我国《辞海》中包含以下内容：一是能启发人的认识活动的具体形状；二是人或集体的表现及其给予他人的总体印象；三是文学艺术反映社会生活的特殊形式；四是形容表达具体生动。人们通常所讲的“形象”，是指人或物外在的有形轮廓；心理学上所说的“形象”，是指人们对外在的物或人所留下的记忆标记和印象。检察形象，是社会公众对检察机关和检察人员总体表现与客观效应所作的相对稳定与公认的评价和反映，是检察人员思维方式、行为方式和职业能力、检察业绩等客观实在作用于社会公众的思想感情而获得的一种主观认知。[①]

检察形象反映了检察文化，是检察文化的重要载体。从内容上看，检察形象包括形象主体、评判主体、评判内容等。考察一个检察机关的形象，不仅可以了解该检察机关的文化水准，而且可以判断其检察工作的基本状况。因此，检察形象是检察机关综合能力的体现，是检察机关的声誉所在。抓好检察形象建设，不仅是适应全面推进依法治国的理性抉择，也是提升检察机关公信力的有效途径。

第一节　检察形象概述

我们研究检察形象，必须了解检察形象的组成、影响检察形象形成的因素、如何进行检察形象建设等基本问题。

---

① 参见张耕主编：《检察文化初论》，中国检察出版社 2014 年版，第 119 页。

一、检察形象的组成

由于检察形象是社会公众对检察机关和检察人员总体表现的主观认知和评价，因而检察形象应当包含检察机关形象、检察部门形象和检察人员个体形象三部分内容。

（一）检察机关形象

检察机关形象，就是社会公众对检察机关作为一个整体履行检察职能的情况，在主观上的认识和作出的评价。根据我国法律规定，检察机关享有广泛的职权，包括对职务犯罪的侦查权、对犯罪嫌疑人和被告人的批准逮捕权、对刑事案件的起诉权、对诉讼活动的监督权等。在检察实践中，检察机关行使审查逮捕、决定逮捕、审查起诉、提起公诉、出庭公诉、驻所检察、对民事行政案件的监督检察、控告申诉检察等职责，检察机关在这些履行职责的活动中，必然会对社会公众留下整体形象。从检察实践看，这些行使检察权的活动，表面上是检察人员个体在进行活动，但实质上是代表检察机关在行使职能，例如我们常见的刑事案件的起诉书、职务犯罪案件的立案决定、批准逮捕决定、各类检察建议等，都是以检察机关的名义作出的。在这些活动中，社会公众（包括诉讼参与人）对检察机关当然有一个认知和评价，这种认知和评价就是检察机关形象。

（二）检察部门形象

检察机关是由各内设部门组成的，各内设部门都承担着一定的检察职能，如反贪局承担着查办职务犯罪的职能、公诉部门承担着刑事案件审查起诉的职能、民行检察部门承担着民行案件监督的职能等。检察机关各内设部门在行使检察职权过程中，其司法活动的好坏都会给案件当事人和社会公众留下一定的印象，这就形成了检察部门形象。检察部门形象是检察形象的组成部分，决定和影响着检察形象。检察机关各内设部门相当于一个小集体，既然是集体，就应该有自己的形象。从检察实践看，各个检察部门履行检察职能的情况如何，就决定着该部门的形象塑造。例如原北京市人民检察院分院公诉二处（1999 年前），由于时任处长的方工同志注重抓部门队伍建设和业务建设，使公诉二处培养了一大批公诉精英和公诉人才，不仅出现了公正司法的楷模、全国五一劳动奖章获得者方工，还出现了五四奖章获得者王伟，北京市十佳公诉人吴春妹等，从而形成了公诉二处的良好品牌，后来的北京市人民检察院一分院公诉二处、二分院公诉二处分别连续多年获得北京市人民满意政法单位、先进集体等称号，这反映了部门形象的互动效应和长期影响力。

（三）检察人员个体形象

检察人员个体形象，就是检察人员在司法办案过程中，其一言一行对案件当事人和社会公众留下的印象。检察官个体形象与检察部门形象、检察形象息息相关，没有检察人员个体形象就不会形成检察部门形象和检察机关形象。例如检察官代表检察机关出庭支持公诉，其个人的仪表仪容、法律素养、口头表达能力、法庭辩论技巧等，这些内容不仅反映了检察官个人的形象，实质上也表现了检察公诉部门的形象和检察机关形象。因此，检察人员个体形象如何，直接决定和影响着检察部门和检察机关形象的好坏。最高人民检察院十分重视检察人员个体形象建设，制定出台了一系列规定，如《廉洁从检十项纪律》、《检察机关文明用语规则》等。此外，检察人员个体形象不仅与司法办案紧密相连，而且与其日常生活的行为表现分不开。如检察人员不认真遵守社会公共道德，就会引起社会公众对检察形象的负面评判，这也是最高人民检察院出台《八小时外行为禁令》、《五条禁酒令》等规定的初衷。

除上述检察机关形象、检察部门形象和检察人员个体形象外，检察形象还附带体现在检察器物上，如检察机关办公大楼、检察机关技术装备、检察服装、检徽等。这些器物对检察形象也会产生一定的影响和作用，在检察形象建设过程中应当予以统筹考虑和解决。

二、影响检察形象的主要因素

2003 年，最高人民检察院根据党的十六大关于“社会主义司法制度必须保障在全社会实现公平和正义”的要求和宪法、法律的规定，确立了“强化法律监督，维护公平正义”的检察工作主题，[①] 提出了“加大工作力度，提高执法水平和办案质量”的总要求，以此统一思想、凝聚力量、推动检察工作，从而形成了我国的检察形象。由此可见，影响检察形象有多种因素，主要包括以下几方面主要因素：

（一）法治本身的进展

“法治”与“人治”是一对相对应的概念，“法治”的含义通常指依法而治、善法之治，同时还包含人们具有普遍的“法治”信仰观念或意识。我们认为，人们的法治信仰观念或意识是一个国家法治的基础，人们的“法治”信仰观念或意识经过不断地演进，可以逐步形成比较稳固的“法治”理念，从而促进国家法治的建设。我国在治国理政方面，1997 年，中国共产党第十五次全国代表大会正式确立了依法治国的基本方略，完成了党治国理政理念的一次深刻而重大的转变。1999 年 3 月 15 日，第九届全国人民代表大会第二次会议通过了《中华人民共和国宪法修正案》，将“中华人民共和国实行依法治国，建设社会主义法治国家”写进了宪法。2014 年 10 月 23 日，中国共产党第十八届中央委员会第四次会议通过的中共中央《关于全面推进依法治国若干重大问题的决定》，也标志着治国理政正在走向法治的根本性变革，这些对当代中国检察形象的建设必将产生巨大和深远的影响。

（二）法律制度的完善

法律的修改和完善，是法律精神的进步，也是检察制度的发展，这必将改变检察人员的司法行为，影响检察形象。例如，《宪法修正案（2004 年）》的修改，增加了“国家尊重和保障人权”、“公民的合法的私有财产不受侵犯”、“国家依照法律规定保护公民的私有财产权和继承权”等条款。又如 2012 年《刑事诉讼法》的修改，增加了“尊重和保障人权”、“不得强迫任何人证实自己有罪”、“传唤、

① 参见贾春旺 2004 年 3 月 10 日在第十届全国人民代表大会第二次会议上的最高人民检察院工作报告。

拘传犯罪嫌疑人，应当保证犯罪嫌疑人的饮食和必要的休息时间”、“经人民法院通知，证人没有正当理由不出庭作证的，人民法院可以强制其到庭，但是被告人的配偶、父母、子女除外”等。这些法律条款的修改完善，体现了对人权的法治保障精神，要求检察人员应当具备法律的守夜人、正义的看护神形象，这必然会影响检察形象。

（三）社会主义法治理念的确立

2005年12月，时任总书记的胡锦涛指示，要开展“社会主义法治理念教育”。中央政法委组织进行了专题调研，并组织有关同志三次研究起草社会主义法治理念教育读本大纲。社会主义法治理念的内涵博大精深、十分丰富，它包括依法治国、执法为民、公平正义、服务大局、党的领导五个方面的内容。依法治国是社会主义法治的核心内容，执法为民是社会主义法治的本质要求，公平正义是社会主义法治的价值追求，服务大局是社会主义法治的重要使命，党的领导是社会主义法治的根本保证。由于社会主义法治理念的正式确立，为当代检察理念的形成无疑起到了先导和催生作用，同时，也成为影响检察形象建设的重要指针。

（四）公民法治意识的崛起

法治本质上是对权力的约束，公民法治意识的崛起，集中体现在对行政权、审判权、检察权等权力的舆论监督和社会监督。例如以行政诉讼案件的数量大幅攀升为例，“2014年北京市法院行政案件收案2万余件，行政机关败诉率连年上升，其中乡镇政府的败诉案件超三成；作为全国首批跨行政区划的改革试点法院，北京市四中院仅挂牌四个月受理的民告官案件数量就达到了全市法院去年全年数量的1.3倍”。[①] 又如一直为社会和公众诟病的“减假暂”（减刑、假释、暂予监外执行）案件，在司法改革的变动下，终于走向了全程透明、消除“暗箱操作”、提升司法公信的新阶段。2014年12月，全国法院减刑、假释、暂予监外执行信息网正式开通，截止到2015年5月，

---

① 参见姜洪：《“民告官”多了，行政复议也该发力》，载《检察日报》2015年5月13日。

全国法院已向该网上传立案公示15.6万余件，开庭公告1.7万件。[①]可见，公民法治意识的觉醒，促使检察机关和检察人员司法行为更加规定，从而树立了良好的形象。

（五）域外法治文明的影响

在现代信息社会，各国法律交流日益频繁，这不仅影响到司法人员的法治观念和司法行为，也影响到法治的发展。域外法治文明对我国影响是广泛的，它促进了我国法律的修改完善，影响我国法治的进程，这也散见于最高决策层的相关决定中。如中共中央《关于全面深化改革若干重大问题的决定》第十部分“强化权力运行制约和监督体系”中提到：“坚持用制度管权管事管人，让人民监督权力，让权力在阳光下运行，是把权力关进制度笼子的根本之策。”中共中央《关于全面推进依法治国若干重大问题的决定》里也有“借鉴国外法治有益经验，但绝不照搬外国法治理念和模式”、“法律是治国之重器，良法是善治之前提”、“公正是法治的生命线。司法公正对社会公正具有重要引领作用，司法不公对社会公正具有致命破坏作用”等论述。从党的十八大报告到“两个决定”，域外法治文明的影响可见一斑。尤为重要的是解决了以何种思想认识态度借鉴人类优秀司法文明成果的问题。这对于检察人员形象塑造而言，它要求检察人员必须树立开放意识，自觉借鉴人类先进司法文明成果，而促使检察形象的塑造。

三、检察形象建设应当遵循的维度

任何形象的建设均受一定历史传统、文化积淀、社会实践、时代背景等因素影响和制约。我们在探讨检察形象建设的过程中，也应当以客观空间为依据，以时间参数为坐标，以社会实践为经纬度，力求得出较为全面和令人信服的结论。从一个检察人员形象的形成过程看，假如他只潜伏于具体的司法办案，而没有对司法办案应当遵循的

① 参见《减假暂网仨月立案公示逾15.6万件》，载《法制日报》2015年5月13日。

法治思想以足够的审视和考量，那么，他很难总结出自己应当秉承怎样的检察理念以及如何塑造理想的检察形象，既使有，这种理念和形象也仅仅停留在他个人潜意识里，难以为社会和公众所认同。因此，检察形象的塑造兼具自觉的教化和植入式的教化，二者有机融合，加之长期不懈的努力实践，社会和公众对检察机关司法公信度就会逐步提升，从而认同检察形象。

（一）空间维度

当代中国的检察形象，立足之地是中国本土，理所当然的要综合本国的政治、经济、文化、意识形态等影响因素；同时兼顾国内不同地方司法文化的传统及其地域影响因素。所谓各省有省情、各市有市情、各县有县情。在尊重空间差异的情况下，要体现国家主权完整和统一，要把握检察形象建设进程中的理念精神、道德情操。在空间维度里，应当注重三个层面：一要坚持把党的领导、人民当家做主和依法治国的有机统一，坚持和服从于社会主义法治理念的要求；二要坚持各项检察权力依法进行、依规运作，反对有法不依、罔顾法律；三要坚守公平正义最后一道防线，康复社会关系，维护国家长治久安，维护公民、法人、社会团体等的合法权益。坚持以法治遏制人治，以法治保障人权，以法治维护社会秩序，以法治维护社会和谐。在空间维度里，检察形象建设并不排斥外来因素的影响，也不忽略对世界先进司法形象的学习、借鉴。

（二）时间维度

当代中国检察形象建设应根植于丰富多彩的司法实践，尤其是我国自身的法治进程史以及治国理政思想和实践的演进变化。重提当代检察形象建设，可以说是对以往司法形象中优秀内核的承继，对域外司法文明成果的批判吸纳，以及对当代中国司法现实的自省。就继承来讲，中国传统文化（包括司法文明）对当代检察形象的影响是潜移默化的，尤其是中国传统司法文化中秉持的“伸张正义”、“抑强扶弱”、“公平公正”、“息诉求和”、“顺应天时”等特质，都为当代检察形象的形成提供了可以借鉴的精华内容。就吸纳来讲，当代中国的检察形象在一定程度上还要受到同时期域外司法文明的影响，当下我们正在探讨和实践的“检察官员额制”、“检察人员职业保障”以及“改革司法管理体制，推动省以下检察院人财物统一管理，探索建立与行政区划适当分离的司法管理制度，保证国家法律统一正确实施”等，这些既是基于我国司法实践的要求，一定程度上也是我们借鉴当今世界发达国家检察体制中合理成分的表现。其中，减少行政干预、突出检察官办案的主体地位、确保依法独立公正行使检察权，无疑具有积极的现实作用，也是树立理想的检察形象的必然要求。

（三）社会维度

当代检察形象建设的功效究竟如何？关键在于社会和公众的检验及评判，在于丰富多彩的司法实践和检察实践的考量。因此，要克服检察形象建设与社会及公众的脱节，消除隔膜甚至是误会。20 世纪 60 年代初期，北京朝阳区出现过这样的笑话，一郊区农户牵着一头牛来到朝阳区人民检察院，农户称，他的耕牛有病了，希望检察院给他的耕牛检查检查。看似笑话，实则反映着深刻的问题，社会和公众对检察机关职能不甚了解甚至一无所知，对检察形象更是陌生和无从谈起。而伴随着检察事业的不断发展壮大，检察机关从职能到形象才逐渐为社会和公众所认知和了解。例如，通过对 2003—2005 年北京市人民检察院第一分院控告申诉检察处窗口接待工作量的粗略统计，每年都以 8% 左右的增幅在递增，并且还发现，每逢北京市第一中级人民法院民事、行政案件生效判决宣判的当日，“市检一分院控申处”窗口接待量就会剧增，这表面上看是因为两个单位距离较近（只有 500 多米），但实际上表明了社会和公众对检察机关职能已经有所了解，在他们看来，“案子判的不公道，要到检察院找个说法，要求检察院抗诉”等。又如，检察机关反贪污贿赂局的设立，在惩治贪污贿赂犯罪中发挥了重要作用，也使反贪局家喻户晓，广为人知，社会公众对检察机关承担着职务犯罪侦查的职能不断了解和熟知。由此可见，使检察机关取得民心和民信的根本，仍在于检察机关和检察人员自身良好形象的树立和广为人知，让检察形象获得社会和公众的理解和认可。

四、检察形象建设途径

检察形象的建设，既需要自上而下的顶层设计，也需要各级各地检察机关及检察人员发挥主观能动作用。我们认为，在目前顶层设计对检察权运行、检察人员规章制度比较健全的基础上，检察形象建设的重点环节在于基层，在于各地检察机关的内设部门发挥其应有的职能作用。

（一）注重公诉部门的文化提炼，增强出庭公诉的感染力

公诉部门在检察形象建设中，要做好“一树立、二加强、三培养工作”。[①] 一树立就是要使公诉人必须忠于法律，树立“公正司法”的现代检察形象，通过典型宣传、预防教育，杜绝办关系案、人情案、金钱案。二加强就是要加强出庭支持公诉的力度、加强公诉人的业务修养，形成良好的公诉形象。三培养就是要培养一支优秀的公诉人队伍，培养一批适应依法治国需要的公诉人才，培养一批适应现代法治需要的公诉精英。在法治观念逐步深入人心的现代社会，检察机关需要的不是一批又一批的“办案匠”，需要的是让社会和公众信服的知识化、专业化、道德化的办案人才。

公诉部门在检察形象建设中，要注重公诉工作与行为艺术的紧密联系，特别要注重公诉人思辨能力的培养。我国的司法改革进程正在加大步伐，公诉庭审改革的方向是围绕审判中心，强化辩护职能、强化诉辩对抗，从改革发展趋势看，我国公诉庭审方式必将朝着抗辩式的方向前进。公诉人只有从现在做起，注重日常锻炼自己的即兴表达能力，才能适应“以审判为中心”的庭审方式改革趋势。要注重出庭支持公诉庭审阶段与辩护人的交锋。例如在基层检察院办理的一起职务犯罪案件庭审中，公诉人出示了大量在案证据，辩护人始终坚持称被告人无罪，而且罗列出了一系列被告人不构成受贿罪的理由和证据，并称自己对被告人家庭情况非常熟悉。为了应对辩护人提

① 参见李立、薛海龙：《探索检察文化的实现形式》，载《法制日报》2003年11月13日。

出的所谓事实、理由和证据，公诉人问："辩护人，既然你称自己和被告人非常熟悉，并且对被告人家庭情况也了如指掌，那么请问，被告人的二女儿现在上高中几年级？"辩护人不假思索地回答："上高中三年级。"公诉人立即回击："错，被告人根本就没有二女儿，他只有一个女儿，现在已经上大学三年级"。从诉讼之王——证据的可否采信角度出发，这种结果显然揭露了辩护人，也降低了其提供的所谓事实和证据的可信度；从庭审角度来讲，公诉的力度和效果显然不一样，大大增强了公诉人的形象魅力；从参与庭审的旁听者来讲，必定会引起对检察形象的良好评判。

在实现公诉职能的过程中，除了需要依法制作起诉书、对被告人提起公诉外，在庭审辩论阶段，还应当由检察机关的代表——公诉人当庭发表公诉词。公诉词是揭露和指控被告人罪行的综合性发言，是检察机关对被告人犯罪的主旨评判。其书写质量直接影响着案件的庭审效果，同时也是公诉人水平的直接体现，更能直观地体现检察形象。例如在某基层检察机关公诉的一起"生产销售伪劣农药罪"案件时，承办人请示主管检察长，公诉词如何能够增强感染力，考虑到这起伪劣农药案给农民生产带来的巨大损失，故在公诉词上加上了如下内容："×××生产销售伪劣农药，不仅使农民们当年数千亩土地歉收有的甚至绝收，更使为了购买农药而背负银行贷款的数百户农民生活雪上加霜……"庭审当天，前来旁听的受害农民纷纷表示谢意，他们称赞道，检察机关公诉力度大，出庭形象良好，替他们了伸张正义。由此可见，公诉是一个综合性很强的职业，需要长久的历练和提高，公诉人出庭支持公诉，除了外在形象要求外，更要讲求内在素养，同时还要精神饱满、举止得当，既要无情揭露和鞭挞犯罪，也要充分保障诉讼参与人的诉讼权利，这样才能树立良好的检察形象。

（二）开阔自侦案件侦查视野，注重树立文明侦查的新形象

在现代社会，检察机关自侦部门应当从适应现代司法发展潮流和建设法治中国的大趋势出发，重新审视反贪污贿赂和反渎职侵权工作。应当从预防为主、打防结合角度出发，多渠道广开案件来源，

积极开展面向社会、面向机关企事业单位的职务犯罪预防宣传，宣传廉政工作较为突出的单位及其做法，在全社会形成人人抵制贪污贿赂，人人痛恨贪污贿赂的良好氛围。同时，应当自觉将职务犯罪的打击和预防纳入国家整个惩治和预防腐败体系建设之中，坚持“标本兼治、综合治理、惩防并举、注重预防”，积极发挥惩治职务犯罪的作用，要加强社会舆论的正面引导，弘扬社会主义先进文化，杜绝拜金主义、唯利是图、享乐主义对公职人员思想和精神的侵蚀。围绕具体个案，加大分析研判，要取得“办理一个案子，总结一些教训，堵塞一部分漏洞，健全一批机制”，切实取得职务犯罪打防并举的实效。要加大对行贿者的综合处罚，建立个人、单位、团体的行贿黑名单制度，[①] 努力从源头上遏制腐败的滋生和蔓延，为整个社会实现“干部清正、政府清廉、政治清明”夯实基础。

检察机关自侦部门在检察形象建设中，要转变工作思维定势和旧的侦查模式。在日益注重人权保障的情势下，应当坚持文明办案、文明搜查，确保诉讼参与人的合法权益。自侦案件的侦查人员，要转变侦查模式，要从过去的“由供到证”转变到现在的“由证到供”，摒弃过去那种仅靠犯罪嫌疑人口供破案的做法。从实质上讲，自侦部门的检察人员要正确对待自侦工作，强化侦查谋略的运用，尤其应当注重自侦工作蕴含的文化能量。要从维护国家利益、公共利益以及保障公权力的正确廉洁行使出发，重新审视自侦工作，要牢记神圣职责和使命，在正义与邪恶、国家及公共利益与个人私利的较量中，坚守清正廉洁、坚信正义力量。要真正锻造一支能打胜仗、敢于碰硬、不辱使命的反贪尖兵，进一步使反贪形象为社会和公众所赞许，为国家及区域廉政建设作出积极贡献。

---

① 笔者认为，即使是索贿而不得已行贿的人，也应该列入黑名单，因为公民对国家忠诚是公民的一项义务，违反义务导致腐败发生，就应当承担相应责任。虽然此观点值得商榷，但在目前加大反腐倡廉力度的大环境下，此种做法未尝不值得提倡。

（三）强化诉讼监督部门的职能作用，树立良好的“护法者”形象

检察机关作为法律监督机关，承担着诉讼监督职能。检察机关的诉讼监督职能主要由侦查监督部门、民行检察部门、刑事执行监督部门等部门承担。就侦查监督部门来说，在审查批准逮捕工作中，应当培养连续作战、注重时限、提高办案效率与质量、严格审查、认真履行职能的品格，要探寻对公安侦查机关侦查工作适时介入的工作机制，引导侦查取证，加强与侦查机关、侦查部门的沟通协调，在配合中制约，在协调中监督，确保批准逮捕环节、决定逮捕环节的公正与效率。在实践中，侦查监督部门既要防止侦查机关对个案的降格处理，也要防止自身对捕与不捕尺度掌握不统一；既要彰显对人权的保障，也要加强对犯罪的及时打击，保证宽严相济刑事政策在工作中得到具体表现。

就民事行政检察部门来说，要立足本职，从全面保障诉讼参与人合法权益出发，培育本部门检察人员的“四心”意识和文明执法形象：一要诚心。即要把当事人当成自己服务的对象，诚心诚意听取当事人对案件的反映，要件件有着落、事事有结果、样样有反馈。二要公心。即从法律的角度出发，公正司法，讲求事实和证据，不枉不纵，不偏不倚，既要增强监督意识，也要维护审判的权威。三要细心。即要细致入微的办理每一起案件，在释法说理、解疑释惑方面下功夫见成效，努力使申请监督人信得过、心气顺。四要讲良心。即对求助的群众或申诉人要心存怜悯，心怀同情，要关心群众疾苦，给予群众以广泛的司法人文关怀。

就刑事执行检察部门来说，要加大刑罚执行监督力度，关注刑罚执行机关在减刑、假释、暂予监外执行等环节的履职情况，改革监督模式，向科技要检力，向科技要效率，变被动监督为主动监督，变静态监督为动态监督。要注重保护羁押人员、服刑人员的合法权益，促进看守所、监狱、劳教等部门立足“教育、改造、挽救、感化”等方针，给予服刑人员以法律的人文关怀，切实解决好超期羁押问题，严厉打击牢头、狱霸丑恶行径，形成重新塑造灵魂、重新培育新人的

良好局面，使监所检察部门人员的形象为服刑人员、监狱管理部门、社会公众所接受。

（四）注重检察官的客观义务，树立检察新形象

检察官客观义务，是指检察官必须站在客观立场，追求案件事实真相，不偏不倚地全面收集证据，审查案件和进行诉讼行为。检察官负有客观义务，这是检察机关活动的基本原则，也是现代检察制度发展的必然要求。不同国家、不同法系，有不同的检察制度，检察官的客观公正义务的表现形式也不尽相同。但是，检察官是社会公益代表、法律守护人和客观超然的基本内涵和本质特征却是一致的。检察官客观义务肇始于1877年的德国刑事诉讼法典，之后传播到欧洲大陆法系国家和亚洲其他大陆法系国家。在亚洲包括日本、我国的台湾地区、澳门特别行政区的刑事诉讼法中也规定了检察官客观义务，我国《刑事诉讼法》第6条和《检察官法》第8条第（二）项均规定了检察官的客观义务。分析我国检察官的客观义务，其价值功能主要体现在以下几方面：一是有利于查明案件事实真相；二是有利于刑事诉讼模式的改造；三是有利于强化检察机关的法律监督；四是有利于正确行使追诉职能。因此，要确立我国检察官客观义务，应该吸收国外检察官客观义务的精髓，结合我国的本土法律文化，从构建和谐社会，实现法律监督的价值目标出发，设计中国特色检察官客观义务模式。只有这样，才能树立我国检察官中立、客观的良好形象，促进我国检察新形象的形成。

（五）不断规范检察人员的行为，打造良好的检察形象

检察形象是由每个检察人员形象构成的，只有每个检察人员具有良好的形象，才能打造良好的检察形象。要保证检察人员有良好的形象，必须要规范检察人员的行为，要求检察人员遵守有关规章制度，做到“爱检敬业、恪尽职守，严格执法、文明办案，守法遵纪、清正廉洁，刚正不阿、护法为民”。检察人员应当是遵守规章制度和道德的楷模，在制度面前，心存敬畏、行有所止。尤其是在司法办案过程中，如果不注重自身行为举止、出言不逊、行为失范，则会给检察机关形象带来负面影响，也必然影响检察机关的司法公信力。因

此，应当增强规章制度的执行力，要求检察人员熟知纪检条规以及本系统的相关规定，要对照要求，时刻检点自己的行为。对于违法规章制度的检察人员，要严格处理，不能发生“不知者不罚”、“不知者轻罚”的现象。

检察人员除了要遵守规章制度，将遵守规章制度作为自己的必修课、常修课、道德课外，还应当遵守法律规定，在司法办案中规范自己的行为，树立检察人员的良好形象。因为现行法律中有大量的行为规范和要求，检察人员必须严格遵守，例如办理刑事案件，不能一人提讯；办理职务犯罪案件，扣押物品时，必须开具扣押物品清单；在审查起诉阶段，首次提讯犯罪嫌疑人时，必须告知其应有的权利等。总之，要塑造检察人员的良好形象，重点在于开展经常性的教育活动，严格执行各种规章制度。从组织上讲，要把严格管理放在重中之重，不能失之于宽、失之于松、失之于软，切实做到令行禁止、检令畅通；从个人来讲，要把严于律己摆在自身修养的重要议程，警钟长鸣，汲取反面典型教训，见贤思齐，向先进典型和模范人物看齐；从组织和个人的融合来讲，要开展经常性的对话与沟通，要听取检察人员对相关制度的认知、意见和建议，及时修改那些不合时宜的规章制度，使规章制度保持鲜活的生命力和应有的执行力。

第二节　检察形象建设核心问题——检察队伍专业化建设

专业化是检察队伍走向现代化的重要标志，是提升检察机关司法公信力的有效途径，也是检察形象在新的历史时期的崭新体现。早在2006年，中共中央11号文件明确提出：“要以公正司法为核心，以专业化建设为方向，全面加强人民检察院队伍建设，不断提高广大检察人员的政治素质、业务素质和职业道德素质。”检察机关重建以来，检察队伍建设在知识结构、学历层次、业务水平等方面得到很大改善，但是，随着形势的发展，建设法治国家的步伐不断加快，检察机关面临的法律监督任务日益繁重，社会公众及各界对检察机关的诉求越来越多，期望值也越来越高。因此，加快检察队伍专业化建

设，成为建设检察形象的核心任务。

一、检察队伍专业化的内涵及意义

一般来说，专业化（职业化）是对学校或产业部门、机构设置业务门类的要求，即具有专门性、技术性的特点。从社会发展趋势来看，现代产业、机构，分工越来越细，专业化、职业化倾向越来越明显，比如律师、会计师等行业，在21世纪之初基本完成专业化道路。借鉴上述经验，20世纪末21世纪初，北京、上海、成都、南京等地检察机关，不约而同地提出了检察队伍专业化建设，并以推行主诉（办）检察官为契机，拉开了检察队伍专业化建设的序幕。

（一）检察队伍专业化的基本内涵

对于检察队伍专业化的内涵，应当从法律职业共同体的高度来认识和把握。检察队伍专业化，是指以专门行使国家法律监督权为己任的检察人员，应当形成独特的专门知识、技能、工作方法、行为方式以及专门思维模式。检察队伍专业化是对检察人员专业知识的要求，更是对检察人员职业行为方式方法的要求。

从检察队伍专业化的上述概念可以看出，检察队伍专业化包括以下基本内容：（1）专业化的检察队伍由单个的法律精英集合而成，从事专门的法律监督工作。[①]（2）拥有独特的知识体系，不仅包括法律知识、法律思维，而且包括综合的社会知识和人文素养。（3）拥有优秀的人品道德，具有忠诚、公正、清廉、文明的良好司法操守，具有高度的社会责任感和正义感，能够恪尽职守、刚正不阿，公正有效地履行法律监督职责，是公众的道德楷模。（4）拥有相当的技术水准，经过长期的司法实践和专门法律训练获得的实践素养、检察技能和经验。（5）具有独立的地位，获得履行职责的有效保障，站在法律的立场，超脱于各种利益之上的秉公司法。

---

① 由于法律监督概念的广泛模糊，此处，我们特别应用“专门的法律监督”，以避免各种理论上的纷争。

（二）检察队伍专业化建设的意义

“法律是一门艺术，在一个人能够获得对它的认识之前，需要长时间的学习和实践。”① 检察官代表国家专门行使检察权，是一个专业技术含量较高的复杂过程，所谓没有精湛的技艺，就无法让诉讼参与人信服，更无从谈起检察机关的执法公信力。在司法诉求不断增多的今天，如果让不精通法律的人司法办案，无异于让不懂医术的医生为患者动手术，其后果与“盲人骑瞎马，夜半临深池”无异。因此，检察队伍专业化建设非常重要。

从检察实践看，检察队伍专业化具有以下重要意义：（1）有利于建立一套规范化的检察队伍管理制度体系。由于检察队伍专业化体现了检察人员的法律属性、职业特点和要求，为此就应当建立一种规范化的检察人员管理制度。（2）有利于形成中国特色的检察形象。由于检察队伍专业化要求检察人员必须知识化、法律化、技术化、道德化，这可以提高检察人员的业务能力、道德水准，形成良好的检察人员形象，从而必然促使良好检察形象的形成。（3）有利于克服检察职业泛化的消极影响。专业化增添了检察职业的永久魅力，使检察从业人员树起职业自豪感与职业尊荣感，使检察人员自觉维护司法权威与尊严，自觉与社会利益团体保持一定的距离，从而可以形成专业的护法队伍。

二、检察队伍专业化建设的路径

检察队伍专业化建设要立足检察业务中心，围绕提升法律监督水平，坚持政策导向，坚持专业化建设与人才队伍整体建设相结合，坚持业务能力建设和职业道德建设相结合。在具体检察队伍专业化建设过程中，应当注意以下几点：一是以分类管理为切入点，逐步配齐、配强各类检察人才，合理配置各部门人才结构，使检察人才流向与自身专业特长相统一，使个人职业发展与岗位职能要求相匹配，实

① 参见［美］诺贝特·塞尔兹尼克：《转变中的法律和社会》，张志铭译，中国政法大学出版1994年版，第64页。

现司法效益最大化，建立各业务部门相关人才培养、使用机制，形成培养与使用的良性循环。二是要坚持实践培养和引进相结合的原则，以实践培养为主，引进人才为辅，注重真才实学，能够解决检察工作中的热点、难点问题，防止形式主义和夸夸其谈。三是重点突出对检察业务人才的培养，建设梯次配置的专业人才队伍。要以点带面，着重进行专业定向培养和深度培养，在提升法学理论和检察专业水平上下功夫，形成检察人才队伍布局合理、门类齐全的检察人才队伍。具体来说，在检察实践中，检察队伍专业化可以采取以下途径：

（一）建立严格的人才引进机制

从实践看，引进人才是检察队伍专业化建设的重要措施，也是有效途径。一要注重专业资质，广泛面向社会招录优秀专业人才。目前各大学法学院学生源源不断，完全能够满足检察队伍更新的需要。建议今后应将检察官学历要求定位在“法学硕士”以上，其他辅助岗位定位在“学士学位”以上的相应专业。避免“先吸收、后培养”现象。当检察业务岗位或后勤行政岗位出现空缺时，必须采取面向社会公开的招录方式，择优选用、择需选用。二要注重人才的司法实践经历，切实吸引优秀司法人才。现行检察官法对任命检察官条件仅要求法律工作经历，并未提及司法工作经验，显然混淆了司法职业与一般法律职业的区别。建议今后补充检察专业人员时，尝试在统一资格司法考试的基础上，设立进入检察机关的第二次考试，二次考试以检察业务和实务为主。当检察官职位出现空缺时，可以尝试面向社会的公开遴选，设置平等的竞争机制，把具有相应司法实践经验，又符合检察官任用条件的优秀人才吸引进来，确保检察官整体素质不断提高。

（二）建立有针对性的定向培养机制

检察队伍专业化建设的重点是对检察队伍的法学素养、业务实践能力、综合知识的培养，这也是专业化建设的基础工程。一要不断提升法学理论的培养层次。法学理论的更新发展，决定了不断对检察人员进行法学素养的培训。否则，就不能及时汲取或借鉴先进司法理念、不能清除错误司法理念的影响。建立定期的理论学习讲座，不断充实、提高检察人员的法学理论水平。建议选送骨干检察人员到各高等院校进行短、中期法学理论学习。在学习教育的基础上，要求积极参与全市检察系统或全国检察系统、司法系统的理论调研活动，并筛选本部门、本院优秀调研成果参加各种评比活动，从而推动法学理论与检察业务实践的有机融合，切实不断提高本院整体法学素养和水平。二要注重专业能力的定向培训。要制定计划，对检察人员进行普遍的业务培训教育。可以举办公诉、自侦、侦查监督、民事行政检察、控告申诉检察、刑事执行检察等专向培训班，保证各部门检察人员至少每年参加一次专门业务培训。还可以根据各业务部门普遍反映的薄弱环节，举办打击金融领域犯罪的研究培训班、打击新型职务犯罪的研究培训班、打击新时期贪污贿赂犯罪的研究班，举办涉及公司法、行政法、房地产等民事行政领域类的法规研究与实务培训等，逐步提升业务人员对新型案件、复杂案件的处理能力。三要拓展专业培养途径。要注重诉讼各个环节的检察专业人才培训，分批次选派检察业务人员到上级检察机关进行短、中期业务实践锻炼，或者到外省市检察机关进行专门业务实践锻炼，或者出国进修学习，或到公安机关、人民法院进行相应的业务实践学习锻炼。在条件允许的情况下，甚至可以派公诉部门、民事行政检察部门的业务人员到知名的律师事务所进行办案实践锻炼，参与律师处理案件的活动。通过这些扎实的培训锻炼，开阔业务人员的视野，增强各种办案实践能力。四要设置岗位任用的固定期限，保持岗位专业人才的相对稳定性。在采取个人自愿选择和单位择优选取的前提下，尽可能保持个人专业岗位的相对稳定。建立检察业务部门从业人员固定期限制度，使检察业务人员熟知本岗位职责要求、积累本岗位业务经验、增长本岗位业务才干。应当严格控制检察官从业务岗位交流到非业务岗位，避免人才浪费。

（三）建立检察队伍专业化的考核、激励与管理机制

检察队伍专业化建设，还需要有一定的保障机制。从检察实践看，应当建立以下保障机制：一是建立较为科学的专业绩效考评机制。即在检察人员分类管理的基础上，建立相应的考评机制。要建立

由本院检委会委员、专家咨询委员会委员组成的专业考核委员会。主要负责对检察官、检察官助理办理案件的业绩进行考核，把案件数量、案件质量、业务调研成果作为三项重点指标，形成定量与定性相结合的综合考评体系。对检察官、检察官助理考评结果分优秀、良好、称职、不称职四个档次。连续两年考评不称职的专业人员，应当待岗培训或调离到其他非业务部门从事辅助性工作。对于年度考评优秀的专业人员，应当在工资晋级、上级院检察官遴选以及外出考察学习等方面，予以政策倾斜，优先考虑。二是建立动态的专业人才管理信息库。在专业人才数量相对固定的前提下，应当建立专业人才管理库。根据北京市人民检察院一分院的经验，专业人才的数量拟定为检察人员总数的20%左右为宜。在专业人才的选拔上，不简单以学历、职称、职务等个人身份特征为依据，而应当以素质、任职资格和被社会或本院认可的业绩为标准。根据年度考评结果，决定专业人才的入选，坚持宁缺毋滥、坚持优胜劣汰。三是建立专业人才的监督机制。权力失去监督就必然导致腐败。所谓制度是基础、监督是关键。在检察队伍专业化建设中，也不能忽略监督机制的构建。要建设包括规范诉讼活动、案件质量监督、遵守职业道德在内的多种监督机制。切实用机制保障专业化建设的质量和效果，切实保护诉讼参与人合法权益，切实严守办案纪律、遵守检察职业道德、规范检察行为。

（四）寻求强有力的智力支持

在检察队伍专业化建设中，还应当注重法学界智力方面的支持。从检察实践看，检察机关应当从以下几方面寻求智力支持：一是选拔优秀专家学者到本院挂职。选拔优秀专家学者挂职，可以参与本院业务管理和相关决策，充实领导班子力量，不仅可以促进检察实践与法学理论的有机融合，而且可以调动全体检察人员学习法律理论知识的积极性，形成良好的学习理论氛围。二是建立专家咨询委员会。即聘请法学界、法律界、科技界、经济界、管理界等专家担任专家咨询员，成立专家咨询委员会，为本院办理重大复杂案件和检察工作的长远发展提供咨询意见。根据各级检察机关的实际情况，可以逐步分设刑事检察、民事检察、行政检察和案件管理等专家组，为本院的专业化建设提供智力支持和理论保障。三是加强调研工作。重点就与专业化建设相关的办案流程、职位说明书、绩效考核、队伍建设等方面开展更深层次的调研与总结，积累经验、发现问题、弥补不足，为专业化建设提供更多的参考依据。

三、检察队伍专业化建设的展望

在现代社会，特别是在我国推进依法治国的过程中，今后检察队伍专业化建设要符合法治的要求，要符合新一轮司法体制改革的要求，不断推进司法改革，完成检察改革任务，树立良好的检察形象。从目前检察实践看，今后检察队伍专业化建设应当做好以下几方面的工作：

一要坚持以人为本。检察队伍专业化建设离不开检察职业保障。从现实生活的实际出发，应当承认并保护检察官群体的正当利益追求，避免道德教育的空泛化，实现道德教育的有效性、针对性和实效性。要在引导检察人员正确处理追求个人正当利益与社会利益的基础上，及时掌握当前检察队伍思想道德领域出现的新问题和新情况，坚持用科学的态度加以评判和处理解决。

二要健全物质保障。理论界及司法实务界有两种观点：一种认为对司法官员（包括检察官、法官）应当实行高薪制，所谓高薪养廉。另一种认为应当将司法官员纳入公务员系列，采取相当的报酬待遇水平，所谓保持公职人员物质待遇的一致性。并且第二种观点已为现行的公务员法所肯定。尽管如此，我们认为，检察官法相对于公务员法而言是特别法，其岗位津贴、职务津贴、地区津贴都应当略高于普通公务员，这对于我国法治建设具有积极意义。一方面，由于检察人员享有司法权，司法权是社会的最后一道屏障，要保证其正确，就应当保证检察人员的经济待遇略高于普通公务员，解决其后顾之忧，使其全心全意投入司法这一复杂劳动之中，与社会利益团体保持一定距离，避免出现、权钱交易等司法腐败现象。另一方面，保证检察人员经济待遇略高于普通公务员，能吸引社会精英分子加入检察队伍行列，精简冗员，保持检察官队伍相对稳定，有利于检察队伍专业化建设的可持续发展，提升检察队伍专业化水平。

三要健全履职保障。检察人员的履职保障包括以下三方面的内容：(1) 减少来自外部的干预。为了减少地方行政干预司法，应当建立省级统一管理体系，摆脱地方政府在办案经费、人员编制等方面的掣肘。(2) 改革检察机关内部的行政化管理体制。要充分贯彻落实检察官法，逐步改变检察机关厅长、处长、科长审批案件的传统做法，赋予检察官个人在履行职责过程中的相对独立的决定权。(3) 身份保障。目前我国尚未实行检察官终身制。许多检察院都实行竞争上岗机制，这无疑会优胜劣汰，使一批高素质的检察官脱颖而出，使素质较低或不能胜任检察官工作的人离开检察官岗位或从事其他工作。我们相信，经过一定时期的努力，能够建成一批高素质的专业化检察官队伍。

第三节　检察形象建设的未来走向

当代检察形象与中国的法治建设进程息息相关，检察形象也是检察制度发展到一定阶段的产物，是检察官群体法治自觉意识的体现。相对于检察权来讲，当代检察形象伴随着生动丰富的检察实践而形成，是检察权运行时检察官能动表现的综合反映，如敢于监督的形象、保障人权的形象等；相对于检察官队伍建设来讲，当代检察形象是检察官履行职能时精神境界的表象，也是度量检察官队伍建设处于何种程度的标尺；如是否规范司法、文明司法、廉洁司法等。

一、检察形象塑造的应然要求

从检察职能看，当代检察形象建设应当具备两方面的重要内容。一方面是保障人权。要树立人权保障高于一切的理念，围绕“人”这一核心问题，无论检察机关履行法律监督职能，抑或检察官在具体的司法办案中，都必须而且始终应当把对个体权利的维护作为重中之重，这不仅是法律上的要求，也是我们建构检察形象的要求。另一方面是维护公平正义。要树立平等守法、平等司法、公平司法、平等保护的形象，这是解决司法不公、司法擅权、司法不作为、司法乱作为的要求，也是检察形象建构赋予检察机关和检察官群体的历史使命。具体来说，要构建良好的检察形象，应当包括以下内容：

（一）尊崇法治的形象

在古希腊时期，伟大的哲学家亚里士多德曾经对法治做过最好的解释，他说："所谓法治，就是法律得到普遍的服从，而且这种法律是制订的良好的法律。"可见，法治是有价值倾向的概念，不是什么法都可以用来作最高统治者的。在我国全面推进依法治国的进程中，检察机关及检察官群体扮演着重要角色，在法律至上、正当程序、良法之治的前提下，建构检察人员自身对法治的尊崇和信仰意义深远。尊崇法治的理念，要求检察人员在法治的前提下，一要自觉维护宪法、法律权威，恪守对检察权力运行的规制和规则，保证其一切职业活动，必须忠于国家、忠于人民、忠于宪法法律，忠实履行法律监督职责，恪守检察职业道德，维护公平正义，维护法制统一。二要克服对依法治国的逻辑误读。时下，全国各地多次出现"依法治省、依法治市、依法治县"口号，其反映的主要基调是"依法治民"。之所以出现这种现象，从根本上讲，就是对"依法治国"的误读，也是权力本位主义的泛滥。三要对面临的形势和任务有足够清醒的认知。走向统一、走向文明、走向科学、走向法治、走向人权、走向公正、走向和谐、走向规范，已经成为现代司法的趋势，这些趋势理应成为检察文化价值理念亟待丰富的重要组成部分，也是检察人员在理念上崇尚法治的应然内容。

（二）强化监督的形象

检察机关作为法律监督机关，检察形象建设就应当强化监督的形象。从目前检察实践看，强化监督形象应当从以下两方面着手：一方面，应当加强对其他机关的法律监督。在依法治国的大背景下，最高决策层提出了"推动省以下地方法院、检察院人财物统一管理，探索建立与行政区划适当分离的司法管辖制度，保证国家法律统一正确实施"的要求，这为各级检察机关强化法律监督提供了政策保障，为解决行政权对检察权干预、地方掣肘、监督乏力等现象创造了良好条件。加之检察机关正在进行的分类管理、专业化职业化建设等，都为强化法律监督创造了新的良好条件。这就要求检察机关及检察人员敢于监督、善于监督、监督尽责，进一步强化法律监督职能。另一方面，应当强化自身监督。强化自身监督主要是检察机关、检察人员在行使法律监督职能以及具体的司法办案过程中，要接受社会和检察机关内部的监督制约。社会监督包括人民监督员、特约监督员、舆论媒体监督等。内部监督既包括案件流程上的监督（如审查批捕与审查起诉、控告申诉线索管理与自侦案件的立案等）；既包括案件流程外的监督（如纪检监察部门的监督、案件管理办公室的监督）；既包括检察机关内部层级上的监督（承办人→部门负责人→主管检察长→检察长），也包括司法办案主体之间的监督（如检察官与检察官之间、检察官与检察官助理之间、主任检察官与检察官之间）等。党的十八届四中全会《决定》明确提出："明确司法机关内部各层级权限，健全内部监督制约机制"，这为今后检察机关加强内部监督，提供了广阔的前景。同时也要求检察人员务必树立接受内部监督的意识，以防止法律监督职能的行使脱离正确轨道，防范法律监督的恣意妄为，从而更好地履行法律监督职能，树立良好的检察形象。

（三）人权保障的形象

在我国依法治国的方略下，"国家尊重和保障人权"已写入我国宪法和法律，成为我国依法治国、司法改革的重要内容。"人权保障"浸透到我国政治、经济、社会以及制度的各个方面。在这种大背景下，"人权保障"要求检察人员必须具备相当的人文情怀。在法律价值的位阶上，"自由"、"人权"永远是第一位的，对"秩序"、"正义"的维护，其终极目的都是保障"自由"和"人权"。当然，我们绝不照搬外国法治理念的模式，而应当借鉴外国法治有益经验，走我们自己的路（有中国特色社会主义法治之路）。在当代中国特色社会主义法律体系的形成过程中，融合了一代又一代法律人的不懈努力和奉献，体现了对人权保障的追求，即便是在新民主主义革命时期，这种探索和追究就已经开始，例如在陕甘宁边区时期，创立了马锡武审判方式，这种深入民间、因陋就简、司法便民、保障权益的做法，体现了人权保障精神，这种审判方式形成了我国民事诉讼法中的调解原则。总之，人权保障形象的培养和树立，关乎中国法治进程，我们应当加强对检察人员人权保障的形象建设。

（四）公平正义的形象

自古以来，公平正义成为人类的共同追求和理想。从欧洲反封建、反暴政的资产阶级启蒙运动，到马克思对公平正义“人的全面自由”的认知，都为我们树立公平正义理念提供了多角度、多方面的借鉴。在马克思主义看来，公平正义是一个历史概念，不同的时期和不同的立场产生不同的公平正义观。这启迪我们，应当基于当代中国社会现实和历史发展阶段，特别是结合社会对司法诉求的现实，来审视公平正义。其一，司法人员（包括检察人员）应当对公平正义有全方位的正确理解。党的十八大报告明确提出：“公平正义是中国特色社会主义的内在要求……逐步建立以权利公平、机会公平、规则公平为主要内容的社会公平保障体系，努力营造公平的社会环境，保证人民平等参与、平等发展权利。”这种论述要求司法人员在具体司法办案中，保障诉讼参与人的权利公平、规则公平、机会公平，以真正达到彰显正义的目的。其二，司法人员必须在内心深处树立公平正义意识，把握好自己的意识和行为，不受外界所干扰，不受利益所侵袭。即司法人员“应是一个拥有对公平正义崇尚的人”，自觉和社会利益集团保持适当的距离。特别是在个人利益崇拜相当严重的当下，这种距离要求，对维护司法公平正义更为重要。其三，司法人员应当具备相当的人文情怀。遏制司法不公，遏制司法腐败，其中关键因素在于司法人员的人文素养、家国情怀。如果司法不能抑强扶弱、恪守公平、伸张正义、恢复社会固有秩序，其对依法治国的破坏是不可估量的，因为“一次不公正的裁判甚于十次犯罪”。因此，司法人员应当具备人文情怀，将道德作为根本目的和终极人文关怀来强调和重视。

（五）平等司法的形象

1972 年举行的第 12 届国际刑法学大会，首次以“平等武装”为题，对刑事诉讼中控辩双方诉讼地位的平衡问题进行了探讨。之后，“平等武装”被广泛地运用于控辩双方的权力义务关系上。在刑事诉讼中，控辩关系是核心，如果控辩关系失衡，整个刑事诉讼的价值和目标将难以实现。即人权保障、程序公正、实体公正将难以实现。因此，作为控诉方的检察机关和检察人员，在刑事诉讼过程中，应当树立平等司法的理念。这里关键在于与辩护方保存平等对抗的关系，即应当处理好对抗与合作的关系。对抗应当进行理性对抗，一是控方的职能全面发挥、辩方要尽职尽责；二是保证两者职能全面实现的机制。合作应当积极合作，一是双方对所掌握的证据和事实进行理智的互补和统一。控辩双方交锋合作应当统一于与定罪量刑有法律上关联的因素，当然，辩方处于职业操守，即使已经掌握了犯罪嫌疑人（或被告）罪重以及其他犯罪事实，仍然可以保持中立和沉默。二是双方对合作的积极和认可。所谓准确地打击犯罪，关键要看控辩双方的职能活动能否最大限度地还原犯罪事实、犯罪证据。因为任何诉讼过程所揭露的犯罪，都不可能百分之百达到犯罪的原始状态，这就构成了控辩合作的魅力所在。三是控辩合作的机制支持。这要依赖于控方的职业转型和职能转型，要使平等保护贯穿于刑事诉讼的始终，这涉及司法的人权保障、程序公正、实体公正的根本问题。

（六）规范司法的形象

在现代社会，提倡法治，其实质是对权力的规制。对司法机关来说，就是要求其规范司法。规范司法应当从规范司法权、实体公正和程序规则并重的角度来看待。一方面，应当坚持越权无效原则，要在法律法规授权的范围内行使检察职能，否则，一切越权行使的检察能都将导致违规而无效。例如检察机关和检察人员不能以刑事手段介入民事纠纷，更不能对涉及刑事犯罪的问题随意进行降格处理。另外，还要慎重使用自由裁量权，要慎重使用批准或决定逮捕权、是否提起公诉权等。另一方面，检察人员行使检察职能时，务必自觉受制于检察官法以及中央、最高人民检察院出台的政法人员、检察人员相关纪律的规定。总之，在规范司法方面，我们重点强调的是要坚持实体程序并重，坚持依规依据行使检察职能，坚持检察人员自觉遵守各种纪律规范等。

（七）文明司法的形象

在现代社会，文明司法的形象是法治的要求，也是党和人民群众对司法机关和司法人员的要求。由于法律本身是文明进展的产物，因而检察人员作为司法者，其本身就承担着传播司法文明的义务。因此，要塑造检察人员的文明司法形象，应当要求检察人员做到以下几点：一是要具备家国情怀。检察人员要把文明司法与推进中国法治进程紧密结合，与中国特色社会主义法律体系的不断完善紧密结合，与推进公民的法治信仰紧密结合，从而起到文明司法推进国家文明进步的作用。二是要具备司法的良心。司法良心的形成是一个漫长的过程。检察人员要自觉将检察职能放在整个社会文明进程来考量，把静态的法律条规所展现的公平正义精神动态地表现出来，矫治和防范违法行为，最大限度地改善违法者的心智，并且通过这种矫治，使社会和公众对司法产生良好的反响。三是要对诉讼参与人以广泛的人文关怀。检察人员必须具备对诉讼参与人的同情心，既要从法律的角度帮助他们，也要从普通人的感情角度理解他们，帮助诉讼参与人了解相关法律规定，正确把握案件事实和证据关；既要树立审判权威，帮助诉讼参与人服判息诉，又要勇于纠错，对错误的裁判或者存在瑕疵的裁判采取相应措施加以解决。

（八）廉洁司法的形象

司法廉洁是司法公正的保障，也是司法形象的重要内容。从目前检察实践看，还存在一些司法不公、司法不严、为检不廉的现象。出现这种现象的原因无外乎有三：一是监督制约缺失，二是权力行使缺少规范，三是利益寻租作怪。影响检察人员的职业操守，关键在于检察人员能否清正廉洁、能否洁身自好、能否与社会利益团体保持适当距离。从目前检察人员违规违纪、为检不廉的事例看，有一个共同的特点，即凡是违反廉洁从检要求的检察人员，其绝大多数都存在谋取个人利益的现象。要想使曾经在民间盛传的“大檐帽两头翘，吃了原告吃被告”现象从根本上消除，就必须进一步加强检察人员的廉洁从检教育。一方面，国家要进一步加大和加快从优待检的步伐，使检察人员进一步增强职业尊荣感、责任感、使命感。另一方面，检察机关要进一步加大内部监督力度，构筑不能为的防范机制、不敢为的惩戒机制、不愿为的自律机制，使检察人员恪守“严格、公正、规范、文明、廉洁”的司法本色。坚持权为民所授、权为民所用，坚持一身正气、两袖清风，坚持耐得住寂寞、忍得住清贫、守得住清白。坚决防范办“关系案、人情案、金钱案”，坚决杜绝利益输送、利益交换、钱权交易、钱色交易等，自觉筑起廉洁自律的坚固长城。

二、检察形象建设应关注的相关元素

由于检察形象是由多种元素构成的，因而在检察形象建设过程中，应当关注多种元素。从目前检察实践看，我国检察形象建设应当重点关注以下几方面的元素：

（一）司法人文关怀

检察形象的建设必须以关注民生、保障民生、维护民生为重任。“民生”即是人的生存与发展。孙中山先生曾在1924年北伐前的一次演讲中谈道：“民生就是人民的生活，社会的生存，国民的生计，群众的生命。”[①] 司法人文关怀就是检察形象塑造最具体、最赋有社会担当的价值所在。如果脱离了司法人文关怀，检察形象必然不能为社会和公众所接受，其生命力也会受到毁灭性挫伤。从检察机关履行法律监督的视角看，司法人文关怀要求检察机关和检察人员对所有的诉讼参与人都应当持人文关怀的心态，关心和保护他们的诉讼权利，维护被侵犯的合法利益。从诉讼功能的角度看，司法人文关怀要求检察机关和检察人员应当恢复社会关系，修弥被破坏了的社会成员之间的关系。在当前情况下，社会矛盾日益突出，民生领域纠纷出现，各级检察机关和检察人员都应当将司法人文关怀贯穿于检察文化、检察形象建设的始终。

（二）检察机关院训

检察机关的院训是检察机关精神的体现，也是检察形象建设应当关注的重要内容。就一个检察院来说，院训是其检察文化建设、形象塑造的精神标志，也是该检察机关最直观的文化建设和形象建设。

---

① 参见周大鸣、秦红增：《中国文化精神》，广东省人民出版社2007年版，第57页。

正像梅贻琦先生所言："大学者，非有大楼之谓也，有大师之谓也。"大师是大学精神典范的代表，是大学存在的价值所在。有鉴于此，检察机关院训应该是对检察文化精神的高度浓缩和概括，是检察形象的集中表现。从目前检察实践看，全国各地检察机关在这方面均进行了辛勤探索，如北京市人民检察院一分院提出的"尚法守正、卓越笃行"，江苏省仪征市人民检察院提出的"崇法、尚正、厚德、惟民"；淮安市人民检察院提出的"尚法、持正、修德、守廉"；常州市人民检察院提出的"慎察、衡平、精进、致诚"等，全国几乎所有检察机关都有自己的院训。检察机关院训的内容正是检察机关习习相传、薪火传承以及整体形象的精神升华。

（三）检察精英塑造

检察精英是检察人员的杰出代表，也是检察机关的形象品牌。任何一种好的文化，都必然有其代表性人物。因此，各地检察机关在检察形象建设中，都应当重视检察精英的塑造。各地检察机关在培植检察精英、树立先进典型，并不要求必须在全国著名，但必须在本地区有一定影响；不仅要有检察精英个体，而且要形成精英团体。因为检察精英代表的是检察机关这一团体的精神追求，只有一个团体成为精英，整个检察机关才能成为模范检察机关，才能树立良好的检察形象。检察机关塑造检察精英的过程，也是弘扬正能量、弘扬新风正气的过程，更是宣传检察机关的过程。只有塑造家喻户晓的检察精英，才能在社会和公众中塑造良好的检察形象。

（四）检察机关新闻发言人

检察机关新闻发言人，是检察机关对外发表检察机关重要活动和有关信息的人员。目前许多检察机关都建立了新闻发言人制度，在检察形象建设过程中，应当注重检察机关新闻发言人制度的完善和改进。新闻发言人必须具备综合人文素养，必须具备较强的政治素质和业务素养，必须具有形神兼备的外在条件。各级检察机关在新闻发言人的选拔上，要不拘一格，选拔那些对检察业务精通、适合公共关系的复合型人才。还要注重培养新闻发言人的语言组织、研判分析、临场应变、媒体互动、亲和公众五种能力。另外，各级检察机关要充分利用好新闻发言人制度，增强与社会公众的沟通，及时回应社会和公众对检察机关的关切，使检察形象自然而然地为社会和公众所接受，树立良好的检察形象。

（五）检察形象现代化

在现代社会，我们在检察形象建设过程中，不能忽略科技的影响，在强调检察人员个体修为、个体规制的同时，还要重视对现代文化理念和现代科技的借鉴，使检察文化及检察形象具有现代气息。具体来说，各级检察机关应当运用现代科技手段增强检察形象建设的时代感，运用人本管理增强检察人员的职业尊荣感，进而开辟检察文化、检察形象建设的新前景。例如，北京市人民检察院一分院出庭支持公诉采用的多媒体示证系统，坚持“小庭要当大庭开，大庭要上多媒体”的原则，取得了较好的庭审效果。又如北京市检察机关自2010年以来，逐步在全市各级检察机关推行司法记录仪，切实加强了司法办案的内部监督，对规范检察人员行为、提升群众对司法办案满意度、加快司法规范化建设，都起到了积极的作用。

三、当代检察形象塑造的实践路径

文化是思想的源泉和灵魂，思想是行动的先导，是形象的根基。没有文化的导入，理想是无力的，形象也是虚幻的。因此，在当代检察形象塑造过程中，应当从文化导入、思想教育入手，夯实检察形象建设的基础工程。

（一）立足教育，增强责任担当

解决教育问题，是检察形象塑造的前提。而教育的主要任务是引导检察人员对检察精神的领悟以及司法人格的塑造。中国古训言：“一年之际树谷，十年之计树木，百年之际树人。”可见，教育的成效不是一时能达到的，需要长期的努力。从实践看，各级检察机关在加强教育时，应当注意以下问题：一是重点在于检察职业道德的教化。要教育检察人员秉公司法、秉公办案、坚守司法底线、恪守司法良心以及司法为民，用实际行动诠释“忠诚、公正、清廉、文明”的检察职业道德精神，必须做到润物无声、浸入心田、持之以恒。二是核心在于树立正确的检察理念。没有正确理念的引导，是不能担当检察重任的，这关乎着法治的进程和人权的保障。在对检察人员进行检察理念教育时，应当树立检察人员的司法良心、法律精神。在这一原则主导下，教育检察人员自觉“忠于国家、忠于人民、忠于宪法法律，忠实履行法律监督职责，恪守检察职业道德，维护公平正义，维护法制统一”。三是关键在于检察人员人格塑造和检察精神的形成。要坚持正确价值观导向、检察职业道德教育，帮助检察人员个人职业生涯的正确设计，最终形成检察人员个人的检察人格和良好形象，进而使检察人员群体形成较强的事业心、责任感、使命感，达到教化的功效。

（二）强化创新，切实有所作为

要使检察形象赋有较强的时代感，检察形象建设就离不开检察机关及检察人员的与时俱进，不断进行创新。各级检察机关在检察形象建设中，要不断增强检察人员持续创新的意识和实践能力，不断进行检察理论创新、检察制度创新。要充分认识到创新不仅是最高决策层的任务，也是每个检察人员的责任。在实践中，各级检察机关在创新方面，应当加强以下工作：一要在重点实践领域有新突破。根据法律规定，检察机关主要履行职务犯罪侦查、审查批捕和决定逮捕、公诉、诉讼监督、行政执行监督等五项职能，但目前社会对职务犯罪侦查、公诉比较关注，因而要在职务犯罪侦查模式、公诉办案机制方面有所创新。二要在检察文化理论方面有新建树。检察文化理论研究理应坚持百花齐放、百家争鸣，这是文化繁荣的应然局面。我们认为，对各地自行开展的检察文化理论探讨和研究应持包容心态，同样也要正确引导，要反对检察文化建设中的实用主义、机械主义甚至照搬照抄现象，要摒弃思想上的庸俗，要克服实践上的墨守成规，否则，就会出现千篇一律的抓物质文化、抓行为文化、抓制度文化、抓精神文化现象，防止形成物质上的浪费、实践上的雷同、机制上的泛滥、精神上的空洞。三要将检察形象建设作为检察文化的重点，从人力物力财力上予以支持。在新时期，既要抓检察制度创新，又要抓具体司法办案机制创新、更要注重检察机关新气象和检察人员新面貌的形成。

（三）着力自省，增强检察形象建设的驱动力

在检察形象建设中，应当注重提高检察机关及检察人员的履职能力和专业素养。应当把检察文化所倡导的理念、精神与检察队伍职业化专业化建设结合起来，将检察精神、价值取向体现和运用到具体的诉讼活动中。因此，我们可以将检察人员职业化专业化建设称为检察形象塑造的软实力。从检察实践看，各级检察机关应当做好以下工作：一要增强检察人员的专业公信力。应当提高检察人员的专业素质，让社会和公众信服。检察人员履职的技术水平如何，将直接影响检察机关法律监督职能的实现程度，因而必须把检察人员专业技术建构放在检察形象塑造的重中之重。二要提升检察人员的道德公信力。良好的法律需要良好道德操守的司法人员来实现。在日益开放的社会，媒体监督、舆论监督、群众监督的力度不断加大，检察机关的法律监督职能必然体现在检察人员个体的履职中，道德操守的自我修炼，无疑是必不可少的。三要重塑检察人员的司法公信力。检察人员在履行职责过程中，必须具有强化法律监督和强化自身监督并重的意识，让检察权在阳光下运行，让检务公开贯穿于司法办案的始终，要使静态的法律规定展示于司法办案的全过程，增强释法说理、做群众工作、息诉罢访等方面的能力，切实实现司法办案让社会放心、让人民群众满意。

（四）扩大交流，赋予检察形象建设以更宽阔的视野

在现代社会，扩大对外交流，吸收国外的先进司法文明成果，是我国检察形象建设的重要内容。从检察实践看，扩大对外交流，不仅可以开阔我们的视野，有助于吸收其他国家先进的经验和制度，也可以增强我国检察制度的现代化程度，提高我国检察机关的对外形象。但是，各级检察机关在对外交流、吸收国外做法时，应当坚持中国的基本原则，坚持走中国特色的司法道路，包括中国特色的司法文化。党的十八大报告及十八届四中全会《决定》，将自由、平等、民主、法治、公正等列入社会主义核心价值观，为我们进行对外交流，开拓视野，提供了正确的方向。我们应当在坚持中国特色司法制度的前提

下，进一步扩大对外交流，吸收先进的司法成果，不断促进我国检察形象的现代化建设。

（五）扩大宣传，使检察形象建设渗透社会

检察形象是社会公众对检察机关和检察人员司法活动的认可和评价，要树立检察形象，就必须加强对外宣传工作，让社会和公众了解检察机关和检察人员的工作，理解和支持检察工作。从检察实践看，各级检察机关要做好检察宣传工作，应当注意以下问题：一要把好三个维度。即要把好检察机关“强化法律监督、维护公平正义”的法律监督定位维度、把好检察机关是司法机关的定位维度、把好检察机关检务公开的维度。通过这三方面的宣传，要让社会和公众产生以下三种印象：检察机关行使法律监督权、检察机关是司法机关、检察机关奉行阳光检务，以保证社会公众了解检察机关的职能。二要选择好两个支点。即要选择好司法办案亮点、检察机关与社会公众的沟通点这两个支点，前者是特殊的宣传，可以采取以案说法、以案析理等方式，以教育引导社会公众增强法治意识。后者是法律服务，即让社会和公众关注检察机关，对检察机关及检察人员有近距离的接触，可以采取“检察开放日”、“检察长接待日”、“检察热线”、“检察微博”等方式，以增强与社会公众近距离的沟通。三要突出对先进人物的宣传。一个检察机关的检察文化建设成果如何，有一个鲜明的指标，即是否具有代表性的先进人物。所谓内强素质、外树形象，要在不断强化检察人员专业素养、道德素养的前提下，及时向社会宣传公正司法、司法为民的先进典型人物和楷模，向社会宣传各个检察部门涌现出的爱岗敬业、恪尽职守的检察人员，宣传那些在不同岗位上默默奉献的检察人员，形成见贤思齐、争先创优的良好局面。

（六）进一步完善内部监督，使检察形象建设符合时代要求

“没有监督的权力必然导致腐败”，“不受监督的权力必然成为滋生腐败的温床”。各级检察机关要树立良好的检察形象，必须坚持强化法律监督与强化内部监督并重，着重在教育、制度、监督、预防方面下功夫。一要牢牢把握好教育这个基础，使检察职业道德的要求根植于每位检察人员的内心深处；要紧紧抓住机制建设这个关键环节，

建立不能为的防范机制、不愿为的自律机制、不敢为的惩戒机制；要时刻强化内部监督理念，切实加强制度、规范的执行力；要关注预防这个焦点，关口前移、努力做好风险防范。二要对内部监督有一个全面立体的认识。要依据相关的法律规定，结合检察工作实际，把法律条文和检察业务规范转化为一系列具体的操作细则，要形成一套涵盖检察业务各个领域的办案流程，真正使每一个司法行为和司法环节都做到有章可循，切实用机制保障各项检察业务工作的质量和效率。同时，要切实健全队伍管理制度机制建设，坚持抓党建带队建、抓班子带队伍的基本思路。三要关注网络及社会媒体的影响，加大与社会公众的交流、自觉接受外部监督。要积极回应社会和公众对检察工作的诉求，使社会和检察机关始终处于良好的双向沟通状态，增强社会公众对检察形象的认同感。

第六章　检察器物建设

第一节　检察器物的概念、特征及古今中外考察

检察器物是检察文化的载体和表现形式之一，检察器物代表着检察职能，向公众展示检察形象。所以，研究检察器物，弄清检察器物的概念、特征和功能，对于检察器物建设十分重要。

一、检察器物的概念

关于检察器物，目前理论界并没有一个统一的概念。有学者认为，检察器物是检察物质文化的一种，主要包括检察装备和检察用品。检察装备是根据检察办公需要配备的检察办案设备、检察技术设备等，如职务犯罪侦查需要的办案车辆、技侦设备、武器弹药等。检察用品是根据检察办公需要配备、采购或设计制作的具有检察特色的物品，如检察机关办公使用的电脑、纸张、对外交流的检察礼品、检察机关保密工作使用的特种办公设备等。[①] 我们认为，检察器物是由检察、器物两个概念组成，何为器物？根据现代汉语词典的解释，器物是指各种用具的统称。检察则是与检察机关和检察人员及其检察工作有联系的各种元素。所以，简言之，检察器物，就是检察机关和检察人员使用的各种用具。详言之，就是指检察机关及检察人员专属、专用，能够代表检察工作，具有专门检察含义的物品，例如检徽、检察制服等。总之，检察器物必须能够体现检察特色，能够使人将检察机关同其他机关，将检察公务行为同其他机关的执法行为区分开来。

---

① 参见张耕主编：《检察文化初论》，中国检察出版社 2014 年版，第 168 页。

根据上述概念，检察器物应当具有以下功能：一是承载功能。即检察器物代表着检察机关、检察人员和检察形象。检察器物作为检察文化的载体，必然承载着与检察职业相适应的检察含义，检察器物作为检察标识，检察职业行为要借助于检察标识来强化检察含义。二是传播功能。检察器物作为检察标识，检察人员在履行检察职能时，其佩戴检徽、穿着检察制服等检察标识，既是检察人员履职的法定要求，同时也传播了检察标识的检察含义。同时，人们通过检察标识和检察职能的联系，进一步了解和认知检察职能和检察标识。三是约束和激励功能。检察器物代表着检察人员和检察职能，检察人员在履职时佩戴检徽，着检察制服，能够使检察人员自己认识到自己是在履行公务，履行公务就要依法履行职务，就要受到监督，从而在思想上起到约束检察人员司法行为的作用，同是也可以激励检察人员对自己有更高、更严的要求。

二、检察器物的特征

由于检察器物是由检察机关或检察人员专门使用的物品，因而检察器物应当具有以下四方面的特征：

一是专属性。即检察物品专属检察机关或检察人员使用，其他任何机关和人员都不能使用。检察器物的专属性包含以下两层含义：一方面，检察器物为检察机关和检察人员专属、专用，其他任何机关和人员都不能使用；另一方面，检察器物具有专门的检察含义，如果不能代表检察含义的物品，就不是检察物品。例如检察人员办案、办公使用的钢笔、纸张、电脑、打印机等物品，由于它们都不代表检察含义，也不为检察机关或检察人员专属，其他任何单位和个人都可以购买使用，因而这些物品不是检察器物。

二是依附性。即检察器物本身不具有独立性，只有依附于检察机关、检察人员，才能体现其价值。也就是说，检察器物只有和检察机关、检察人员联系在一起，才能有检察的含义，如果检察器物与检察机关、检察人员相分离，就失去了检察的含义。例如检徽只有悬挂在检察机关、佩戴在检察人员制服上，才具有检察的含义，如果检徽放在仓库里，离开了检察机关和检察人员，就失去了其检察含义，就是

一件普通的物品。

三是代表性。即检察器物代表着检察含义，表明了检察人员的工作身份等。例如检察人员在从事公务时，穿着检察制服、佩戴检徽，就代表着检察人员的身份和正在执行公务的含义。

四是历史性。即检察器物是一个时期的产物，其含义也与当时的检察具有密切关系。也就是说，检察器物的产生和发展也有一个历史过程，不同时期有不同时期的检察器物。由于法律是上层建筑，由经济基础决定，不同的历史阶段，会产生不同的法律，具有不同的法律理念，因而也可能有不同的检察器物。例如检察制服，民国时期的检察官制服同20世纪80年代的检察制服就截然不同，20世纪80年代的检察制服同现代的检察制服也不同。

三、检察器物之古今中外考察

从内容上看，检察器物主要包括检徽、检察制服、建筑标识、浮雕等物品。由于中外检察的含义不同，因而其检察器物也不相同，即使在同一个国家，由于检察理念和检察精神的不同，不同时期的检察器物也不完全相同。因此，考察古今中外的检察器物，不仅可以反映出其检察内涵和检察精神，而且可以看到检察内涵、检察精神的发展变化。

（一）检徽

检徽，是检察机关徽章的简称，是证明检察人员身份的专用标识。由于检徽代表着检察职业的理想，体现检察职业的特色，因而检徽的设计应当简明、有特色。

在我国，解放后，曾用过“金双剑”的检徽，代表着一种正义和凌厉，体现了我国检察机关反腐的职能。

在“二战”后的日本，1950年7月制定了检察官徽章，被称为“秋霜烈日”章，其寓意“冷如秋霜，烈如夏日”，代表着司法程序的严格和一丝不苟。徽章图案由旭日（红色）、菊花花瓣（银色）和叶（金色）组成。这样的外形像霜和阳光交错的样子，因而被称为“秋霜烈日”章。其中，红色代表烈日，也代表日本传统旭日的象征，菊花是日本皇室的象征。同时，秋霜烈日的设计，也以秋之寒霜和夏之烈日，比喻恪守刑法与操守，对自己的主张固守不变的严厉之心。

日本的检察官没有统一的制服，在出庭和外出调查取证时，会佩戴“秋霜烈日”胸章，并随手携带一个带有“检察”字样的蓝色方形布包袱。[1] 佩戴“秋霜烈日”胸章和手提蓝色方形布包袱，就是日本检察官的标志。

日本检察官徽章

（二）检察制服

检察制服，是检察人员在履行检察职能时统一穿着的制式服装，是检察人员代表国家行使检察权的标志。在设计检察制服时，应当体现检察的特色，这样在庭审和日常公务中，使参加庭审的人员能够轻易区分法官、检察官、律师。

关于检察制服，在西方传统法治国家，包括检察制服在内的法官袍、律师袍等基本都是一体设计的，款式及底色相同，仅以不同的色条加以区分身份。黑色长袍、白色发套，是300年来英国法官的标志性“扮相”。不过，自2008年10月起，英国的这一传统在负责民事诉讼案的法官身上终止了，但刑事法官在法庭仍然戴假发。英国改进后的新装，风格简洁，去掉了原法官服的硬翻领和领结，采用深色粗

---

① 参见徐尉：《日本检察制度概述》，中国政法大学出版社2011年版，第18页。

布和混合毛料，在袖口和贴边处配以天鹅绒装饰。女装另有一块可拆卸的白色皱领。代表法官身份的“颜色彩带”，也从衣领处调整到领口下方。英国上诉法院法官的长袍将配以金色彩带，高等法院法官为红色，法庭巡回区法官参与庭审时用淡紫色，地方法官则为蓝色。[①]

英国法官的新式服装（左）与传统装扮（右）

在法国，检察官、法官和律师都有专用的法袍。而且检察官制服还有出庭法袍和外行法袍之区分。[②]

“二战”前，日本的法服也是黑袍，是在明治维新时从德国引进后稍加改变而成的。它在黑袍衣领上镶着红、蓝等不同的颜色来区分法官、检察官、书记官和律师的身份。

我国清末变法修律，改革官制，从日本、德国引进大陆法系的资本主义法律和司法制度，也引进了黑袍式法服。北洋政府时期，检察官曾一度有明显特色的检察官制服。[③] 上法庭着法袍，最早的依据要溯源到1913年1月7日，当时的临时大总统袁世凯颁布的《推事检

① 参见王华胜：《英国法官服饰的形成与改革》，载《环球法律评论》2010年第5期。

② 参见マッサビヲ：《佛国検官必携》（第一帙上卷），黑川诚一郎、高木豊三訳，信山社出版，平成十四年12月15日复刻版第1刷，第63页。

③ 参见北京市地方志编撰委员会编：《北京志·政法卷·检察志》，北京出版社2007年版，彩页第5页。该制服类似于现代的博士学位服，包括冠饰和法袍。

察官律师书记官服制令》，规定推事、检察官以及律师的制服“色用黑。领、袖及对襟均须镶边。”（第1条）而推事制服与制帽以“织金”镶边，检察官为“紫绒”，律师为“黑绒”；书记官制服则为黑色无镶边（第2—4条），都戴方形的黑帽。黑袍庄严，红色、紫色、白色象征公平、正义、青天、清白等意思。法服只限于在法庭上穿戴，平时穿便服。

北洋政府时期的检察官制服①

1929年1月4日，国民政府的司法院重新公布了《推事检察官书记官律师服制条例》，延续了1913年的服制规定，但将推事与律师制服的镶边分别改为“蓝”与“白”（第2条）。推事、检察官、书记官以及律师持制帽，除与制服相同颜色的镶边外，还配有青天白日图像的帽章（第3—4条）。

现在我国台湾地区的“法院组织法”第96条第2项规定：“法

---

① 参见北京市地方志编撰委员会编：《北京志·政法卷·检察志》，北京出版社2007年版，彩页第5页。

官及书记官在法庭执行职务时，应着制服，检察官、公设辩护人及律师在法庭执行职务时，亦同”，且依“法官、检察官、公设辩护人、律师及书记官服制规则。”有关法官、检察官、书记官及律师制服镶边颜色，承袭了1929年国民政府时期的规定，但已不再有制帽的规定。也就是说，台湾的法袍都是以黑色为底，分别在袖口、领口以不同的颜色区分不同的职务。法官是黑袍镶蓝边；检察官是黑袍镶紫边；律师是黑袍镶白边。穿上法袍之后的法官、检察官，通过法庭的仪式，让心情变得庄严，也有权力的威仪。高亚雷在《解读律师法袍》一文中说：“‘行头’、‘道具’相配合，表明了一种异乎寻常，表明法庭是一个极为严肃重要的场所，开庭是一种极为严肃、重要的活动……营造出法庭上的法律信仰氛围，标明法庭是法律的领地，在这里，法律是最高也是唯一的权威，法律所体现的价值是最高的也是唯一的价值。说穿法袍是象征，必须铁面无私，看起来更庄严、神圣。”

我国台湾地区现行检察官制服

新中国成立后，从1949年到1984年，我国检察机关没有统一的检察制服。直到1984年5月1日，我国首次统一制作了检察制服，即84式检察制服。其最大的特点就是“军队式制服”，即夏装为米黄色，春秋冬装为豆绿色，佩以领花、肩章和带有国徽的大檐帽，军事色彩浓厚。[①] 2000 年，新式检察制服正式启用，取消了过去大檐帽、肩章、领花等设计，换成了西服式制服，用国际通行的胸徽作为执法标志，颜色也改为国际流行的能体现司法权威性和严肃性的藏蓝色。[②] 检察制服从无到有，以及样式的变迁，体现着检察工作理念的变更，彰显出检察文化内涵的丰富和发展。

四、建筑标识、浮雕等

建筑标识、浮雕等，体现了一定的寓意和精神。司法机关作为国家的一个重要机关，也可以有自己的建筑标识、浮雕等。在西方国家，法院前面树立的眼蒙黑纱手持天平的正义女神，中国古代的独角兽等建筑标识、雕像，代表着司法公正、去恶扶正的法律精神，都属于司法文化的一部分。在我国，一些学者认为，检察机关的建筑也是检察文化的一部分。但我们不赞同此观点，因为目前检察机关的建筑没有统一的标识和特色，它不代表检察职业，因而目前检察机关的建筑本身不属于检察器物。当然，如果全国的检察机关的建筑，例如检察机关的大门，都有统一的格式，能够让普通民众看到此类建筑物就知道这就是检察院，犹如看到尖尖楼顶十字架就知道是教堂一样的话，那么这种建筑就可以成为检察器物。

在当代检察形象建设中，我们认为，可以将全国检察机关的大楼设计为统一的独特的样式，或者将检察机关的大门设计为统一的风格，包括样式、颜色等，或者设计一款像古代独角兽那样的器物，在全国的检察机关大门前统一摆放，让其成为检察机关的象征。目前，全国的法院已经将法庭的标识、门楣以及各标识的尺寸、颜色进行了统一。检察机关可以参考，设计出自己的建筑标识。

---

① 参见王彦钊：《检察制服：1984 年首次统一》，载《检察日报》2012 年 1 月 2 日。

② 参见《检察制服的变化》，载《检察日报》2008 年 7 月 9 日。

第二节　我国检察器物建设的历史变迁

一、我国检徽的历史沿革

检徽，全称为“检察官徽章”，是证明检察人员身份的专用标识。检察官作为法律的守护人，既要追诉犯罪，更要保护被告人等的权利免受侵犯，担负着打击与保护的双重任务；检察官不是法官，但要监督法官裁判，共同追求客观公正的裁判结果；检察官也不是警察，但要以司法的属性监督警察的侦查活动，确保侦查追诉活动的合法性。因此，检察官徽章应当具有检察的特色。

（一）现行检徽的图案及意义

现行检徽的基本图案由盾牌、五颗五角星、长城和橄榄枝图形构成。盾牌和五角星象征着司法机关在国家法治建设中担负着法律保障等重要职责；长城象征着中国，充分体现了司法机关的国家属性，也象征着国家对司法工作顺利开展的坚强保障力；橄榄枝代表着和谐，象征司法在维护社会稳定、促进社会和谐发展中的重要作用。[①]

现行的检徽设计突出了代表国家利益的特征，无论是对刑事案件的公诉，还是对民事行政案件的抗诉或提出检察建议，均体现国家利益在司法领域代言人的象征意义。同时，这一设计理念还契合了检察机关承担维护法律公正的客观义务，即从刑事政策的角度对不起

① 参见《检徽的由来》，载《检察日报》2008年7月8日。

诉履行一定的自由裁量权或者就起诉案件行使一定的量刑建议权。[1]

（二）当代检徽的历史

在我国，检徽先后经历了金双剑检徽—用国徽代替—现行检徽的变化。解放后一段时间，我国没有检徽。后来，曾经将检徽设计为两把交叉的利剑，被称为“金双剑检徽”（见下图）。正是这款检徽，又联系检察机关的监督性质，被一些人戏谑为：“检察院，两把剑，一把砍公安，一把砍法院。”也许是因为两把利剑容易让人联想到血腥与残暴，后来就不再使用该标志了。检察官在执行公务时只好佩戴国徽，理由是检察官是代表国家来行使职权的。这样做显然没能体现出检察官的法律职业特色。

早期的金双剑检徽

（三）检徽的改款

2000年，与当时检察制服相配的检徽，分为大、小两款。大款为胸徽，小款为领徽。着夏季制服出庭时，佩戴大检徽；其他日常公务活动时，佩戴小检徽。着春秋装制服时，佩戴小检徽。2009年，检察制服在“2000式”检察制服的基础上稍做改动，将检察徽标由过去的胸徽和领徽两种改为一种，规格尺寸统一确定为30毫米。

① 参见《检徽的含义》，载《检察日报》2013年3月5日。

二、检察制服的历史沿革

检察制服，是检察人员依法履行法律职务时统一穿着的制式服装。人民检察院实行统一着装，是维护国家法治尊严，依法行使国家检察权的需要。中国检察制服经历了从无到有、从有着浓厚“军服”色彩的豆绿色检察制服到新式西装制服的变迁过程，这不仅折射出了改革开放以来中国司法制度的发展和执法理念的变化，也从一个特殊的角度记录了中国法治建设的进程。

（一）1949—1984 年：无统一制服时期

新中国成立以来，作为负有国家法律监督职责，担负着繁重的打击犯罪任务的人民检察院，在很长一段时间里，没有统一的制服。1978 年，人民检察院恢复重建，检察人员仍然是着便装办案，没有检察制服。直到 1984 年，因为没有统一的检察制服，不少地方检察机关的检察人员为了体现正式，选择了中山装作为工作服。

湖南省资兴市检察院荣誉室里一件保存完好的“文革”前检察工作服

1980 年政和县检察院干警合影

(二) 1984—2000 年：军队式制服

1. 1984 年统一检察制服

1984 年 5 月 1 日起，全国检察机关第一次实现了统一着装。这套制服的最大特点是“军队式制服”。制服分夏装和春秋冬装，夏装为米黄色，女式是西服式样，男式为猎装样，春秋冬装为豆绿色。

84 式检察制服的衣服分为春秋装、夏装和冬装三种。其中，春秋装，男装为豆绿色中长纤维华达呢军干服式制服；女装为豆绿色中长纤维华达呢西装式制服。夏装，男装为米黄色的确良府绸小翻领猎服式制服；女装为米黄色的确良府绸西装式制服。冬装，男女装都为豆绿色的确良咔叽军干服式罩服，大衣为豆绿色中长纤维华达呢长毛绒翻领双排扣军干大衣式样。此外，衣服的纽扣分大衣扣和制服扣两种，都是与制服颜色相同的有机玻璃纽扣。

84 式检察制服的帽子分为两种：春秋季、夏季大檐帽，帽罩颜色、料质与制服相同。冬季军式棉帽，面料颜色、料质与冬服相同。

84 式检察制服的检察标识还包括帽徽、肩章和肩徽。其中，帽徽为铝合金质国徽图案。肩章为红底镶金黄边呢质长方形硬肩章，正中加一枚铝合金质圆形徽章。肩徽图案为五星红旗，外镶麦穗齿轮。

84 式检察制服

（注：1984 年 5 月 1 日检察人员穿着首次统一的检察制服后，时任最高人民检察院检察长杨易辰（左四）与其他院领导合影。）

● 84式检察服春秋季女装

● 84式检察服夏季女装（左）、男装（右）

● 1988年换装后的春秋季检察服

当时人们对检察制服的“符号”解读是：检察人员春秋季和夏季戴大檐帽，冬季戴皮帽、棉帽，帽徽为铝合金质国徽图案，表示代表国家行使检察权。大檐帽前半周镶有金黄色金属帽带，表示审理案件“以事实为依据，以法律为准绳”。制服肩章为红底镶黄呢制长方形硬肩章，正中加一枚铝合金质圆形徽章。检察制服肩徽图案为齿轮与谷穗簇拥着五颗金星。齿轮与谷穗象征着人民，表示在全国人民支持下实施法律监督。①

① 参见王彦钊：《检察制服：1984 年首次统一》，载《检察日报》2012 年 1 月 2 日。

2. 1988 年、1990 年换装

1988 年，检察制服进行了更换。其中，检察制服的衣服分为男装和女装。男装：短袖上衣，单服为小翻领猎式制服；冬服为军干式制服；大衣为军干式棉大衣。女装：短袖上衣为西服；单服为小翻领猎式制服；冬服为军干式制服；大衣为军干式棉大衣。同时，检察制服的纽扣也进行了更换，短袖上衣、单服、冬服、大衣的纽扣均为金黄色的铜纽扣。

1988 年与检察制服相配套的帽子也进行了更换，春秋季改为布料大檐帽，夏季改为网沙大檐帽，冬季改为化纤布面栽绒棉帽。

1988 年检察制服的检察标识也进行了更换，其中，帽徽为铝合金质国徽；肩章为红底镶黄呢质长方形硬质；肩徽为铝合金质麦穗齿轮五星红旗圆形徽章。

到 1990 年，检察制服进行了小的改动，即夏装也改为豆绿色，服装式样也有部分小的变动。在当时，以豆绿色为主色彩的检察制服佩以鲜红的国徽和肩章，以其庄严、凝重的特点，给人们留下了非常深刻的印象。

检察官身着的是 90 式检察制服

3. 1991 年换装

1991 年，最高人民检察院发布了《关于做好 1991 年检察服装换装工作的通知》。此次换发的各季检察服式样式、颜色不变，原佩戴的标志不变，只是增加了检察领花。检察领花为铝质，表面为金黄色，整体图案由五角星、宝剑、松叶组成。其含义是：五角星代表国家，宝剑代表行使权力与正义，松叶代表长青之意。该领花的特点是"金双剑"，检察系统内有人笑称，"金双剑"的含义就是检察院为法律监督机关，检察院的"宝剑"一把指向公安机关，一把指向审判机关。[①] 最高人民检察院要求全体检察人员从 1991 年 7 月 1 日起佩戴。

• 1991年换装后的春秋季男装（左一），女装（左二），冬季男装（左三），女装（左四），夏季男装（左五），女装（左六），增加了检察领花。

（三）2000 年起：西装式检察制服

1. 2000 式检察制服

2001 年 2 月 21 日，最高人民法院、最高人民检察院、财政部发布《关于做好 2000 式审判服、检察服换装工作的通知》。2000 式检察服为佩戴胸徽的西服式制服，颜色选用国际司法界常用的深色，取消大檐帽、肩章和领花，以胸徽作为检察人员的主要标志。

① 参见王彦钊：《检察制服：1984 年首次统一》，载《检察日报》2012 年 1 月 2 日第 3 版。

2000 式检察制服佩戴的大小检徽

2000 式检察服夏装

2000 式检察制服春秋装①

2000 年 10 月 1 日，首都北京 3500 余名检察人员摘下大盖帽和肩章，脱掉了类似军装的豆绿色制服，开始统一试着 2000 式检察制服。新式检察官服为胸前佩戴红色国徽的藏蓝色西装式制服，女检察官还佩有裙服。至此，检察人员在着装上实现了“武官”向“文职官员”角色的转变。

2000 式检察制服取消了大檐帽、肩章、领花等具有军事化色彩的装饰，换以能充分表现文明司法的西服式制服，用国际通行的胸徽作为执法标志，服装的颜色由豆绿色改为国际化的、能体现司法权威性、严肃性的藏蓝色。新式检察服装是在西服款式的基础上设计的，为小翻领三粒扣式服装，分冬、春秋和夏服。夏服，衬衣采用化纤和棉、麻的混纺面料，高级检察官着毛涤检察服装；秋装采用国际检察官通行的藏蓝色，突出庄重、大方、简洁的风格，具有时代特征。

2. 2009 式检察制服

2009 年，检察制服又进行了一次改进。改进的内容主要体现在三个方面：(1) 检察春秋服（冬服）的下摆由原来的直角下摆改为圆角下摆，纽扣由原来的白亮色金属纽扣，改为黑色四眼纽扣（材质为果壳或树脂）。(2) 检察大衣由原来的风衣款式，改为防寒服款式。(3) 检察徽标由过去的胸徽和领徽两种改为一种，规格尺寸统一确定为 30 毫米。2009 年，全国检察系统统一启用新规格的检察徽

① 参见《检察制服的变迁》，载《检察日报》2013 年 3 月 7 日。

标，原规格的检察徽标将停止使用。新规格检察徽标佩戴的位置是：春秋服、冬服佩戴在服装左脖头（领子）的装饰扣眼处；其他服装品种佩戴在左胸前上方。

新式检察制服的衣扣、皮带扣上都有银色的浮雕图徽，领带是细腻的方形网状交织纹样，黑色皮鞋上嵌有精致的饰物。新式检察服表现了检察官职业的威严和严谨，衬托出一种凝重氛围，在凝重中体现公正。

我国改革开放30多年，检察制服经历了三次大的演变，通过检察制服的变化，我们可以看到我国法治的进程和进步。新式西装制服体现了控、辩双方在诉讼中的平等地位，体现了现代法治社会的诉讼规律。此外，着装是一种符号，它对检察人员职业自律观念和依法办案思维习惯的形成，都有着潜移默化的影响，可以让检察人员切实体会到自己肩负着保障国家法律统一正确实施的神圣使命。

三、检察制服的穿着规定

为了加强检察机关的规范化建设，进一步规范检察人员的着装行为，维护检察机关的良好形象，2010年12月3日，最高人民检察院第十一届检察委员会第二十八次会议通过了《人民检察院检察制服着装管理规定》。该规定指出，人民检察院实行统一着装，是维护国家法治尊严，依法行使检察权的需要。检察制服是检察人员依法履行法律职务时统一穿着的制式服装。检察徽章是证明检察人员身份的专用标识。

该规定还明确要求，检察人员在下列工作中，应当穿着检察制服，佩戴检徽：（1）出席法庭；（2）进行刑事案件现场勘查；（3）到监管场所进行检察，执行死刑临场监督；（4）接待来访群众；（5）接受新闻媒体采访；（6）其他要求着装的公务活动。

该规定还要求，检察制服应当按照规范配套穿着，检察制服不得与非检察服装混穿。着夏服时，浅蓝色短（长）袖衬衣配夏裤（裙），扎系检察专用制式蓝色领带，夏服衬衣下摆扎系于裤（裙）腰内，不得露在外边敞穿。着春秋服、冬服时，上身内穿白色长袖衬衣，扎系检察专用制式红色领带，衬衣下摆扎系于裤（裙）腰内。

着检察防寒大衣时，内穿检察春秋服或冬服；取下保暖内胆时，可作风衣穿着。穿着检察制服要着黑色皮鞋，鞋跟一般不高于3厘米，男同志配穿深色袜；女同志配穿肤色袜，鞋跟一般不高于5厘米。[①]

该规定还对检察徽章的佩戴作出了明确规定，即检察徽章应当按下列规定佩戴：（1）佩戴检察徽章的检察制服为夏服、春秋服、冬服和大衣。（2）出席法庭必须佩戴检察徽章，其他因工作需要的场合也应佩戴检察徽章。（3）检察徽章佩戴的位置为：夏服佩戴在左胸前口袋沿上方1厘米徽章佩戴标记处；春秋服或冬服应佩戴在左驳头装饰扣眼处；检察大衣佩戴在左胸前上方线迹中间位置。（4）检察徽章不得在其他服装上佩戴，穿着检察制服也不得佩戴检察徽章以外的徽章。

四、其他检察器物

除了上述检察器物外，还有其他一些检察器物，这主要包括以下几种：（1）检察警车等公务车辆。检察公务车辆应当有明显的“检察”标识，警车，还要有警车的通用标识，如安装有警灯、警笛等。（2）检察网站、微博、微信等新宣传媒体。主要包括各类检察机关的官网、微博、微信等新宣传媒体。（3）检察刊物、书籍、报纸。主要包括《检察日报》、《人民检察》、《国家检察官学院学报》等各类检察机关主办的报纸、期刊及书籍，以及各级检察机关出版的内部刊物等。（4）检察社团。主要包括检察出版社、检察官文联、检察官协会等。（5）检察博物馆、检察史陈列室等。

第三节　我国检察器物建设规划

检察器物建设是检察形象建设的重要组成部分，我国检察器物虽然已经比较齐全，但是尚不完善，有的检察器物还没有反映出检察机关的特色，因而有必要加以规划和完善。

---

① 检察制服的穿着效果，参见《人民检察院检察制服着装规范图册》。

一、检徽的建设规划

从我国检徽建设发展过程看，经历了一个从无到有、不断改进完善的过程，现行的检徽虽然一定程度上反映了检察机关的检察特色，但是还存在缺少明显检察特征的问题。现行检徽在外形上同国徽相近，没有显著的检察特色。我们认为，曾经使用的金双剑检徽，具有鲜明的检察特色，两把凌厉的金双剑交叉于检徽正中央，象征着两把正义之剑拱卫着红色的五星，捍卫着来之不易的国家政权。不论是从外观标识的特色，还是从检徽含义来看，都是比较符合检察职能需求的，也彰显了检察职能。

因此，在今后我国检徽的建议规划中，我们提出以下建议：方案一，重新启用金双剑检徽；方案二，结合检察职能的特色，重新设计一款易识别、能同国徽、法官徽章等区分开来的检察徽。

二、检察制服的建设规划

如前所述，新中国成立以来，检察制服从无到有，从军事色彩浓郁到深蓝色西装，一直在改革探索。我们认为，现行的检察制服，无论是春秋装，还是短袖夏装，都没有检察特色，仅仅是一款西式服装，仅能起到统一服装的效果，而远远不能实现代表检察人员形象的作用。军式制服虽然不符合现代法治精神，但它至少还有特色，代表着专政和国家强制力的形象。但是，现行的检察制服缺乏明显的检察特征，难以显示出检察的威严。

在今后我国检察制服的建设规划中，我们建议应当根据检察职能的特色和我国司法统一性的要求，构建法官、检察官和律师大致统一的制服。因为在法庭上，法官、检察官和律师分别代表着不同的诉讼角色，但他们都是为了实现追求法律真相，维护审判公正的目的，三者既具有共同的目标追求，只是具体的分工和职责不同罢了。因此，我们可以按照大陆法系国家的法袍设计理念，法官、检察官和律师的制服均以黑色为底色，通过领口、袖口、绶带等的不同颜色作为区分。具体来说，我们可以参考我国现行的法官服、律师服，设计一款以黑色为底色的检察官出庭专用制服。同时，另行设计一款简洁

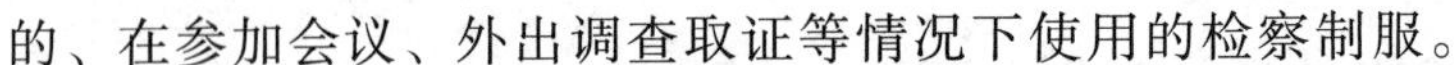
的、在参加会议、外出调查取证等情况下使用的检察制服。

三、检察建筑标识的建设规划

在我国检察建筑标识建设上，目前尚缺乏统一的建筑标识，因而建议我国应当设计统一风格的检察建筑标识。就像看到红色的十字架就意味着医院，看到邮政标识就知道到了邮局一样，检察建筑要想成为检察文化的一部分，就应当设计出全国检察机关统一使用的建筑标识。例如可以将所有的检察机关的大楼、大门进行统一设计，或者将检察建筑的外墙面或屋顶进行统一设计，以体现检察机关的特色，让人们一看到这个建筑标识就知道是检察机关。

在检察建筑标识的建设规划中，还应当注意检察浮雕、检察雕像的设计。关于检察浮雕的设计，应当突出检察特色，要求全国统一。正如西方法院廊前的浮雕一样，让人看到就能认识到这是审判的地方，是可以信赖的地方一样，我国也可以设计独具特色的检察浮雕，在全国检察机关的相同位置统一安放，成为检察机关统一的标识。关于检察雕像的设计，也应当体现检察特色，要求全国统一。正如西方法院廊前手持天平、双眼蒙着黑纱的正义女神，中国古代的独角兽一样，人们一看到这些雕塑就知道这是审判的地方，我国也可以设计自己的检察雕像，作为检察机关的重要检察标识。

第七章　北京市检一分院检察文化建设实践

北京市人民检察院第一分院成立于1999年，前身是北京市人民检察院分院。在十余年的发展进程中，北京市检一分院始终坚持传承和创新，逐步形成了具有自身特色的检察文化建设实践。

建院初期，该院坚持“一个中心，两个保障”的检察工作格局，以“改革创新为动力，以处室建设为基础，以制度建设为重点，以争五好、树先进为载体”的建院方针。相继创建了《五好目标量化岗位责任制》，开辟了科学管理的有效途径；制定了《抵制涉案腐蚀工作规则》，巩牢思想道德防线；建立了“全面保障诉讼参与人合法权益”工作机制，为规范司法行为，维护公平正义，提供了必要保障；积极推进人事制度改革，首开北京市检察系统中层领导干部竞争上岗和检察人员双向选择之先河，为公开公正、平等择优的选人用人机制，提供了有益的经验。全院检察人员大力弘扬求真务实的精神，坚持以检察业务为中心，以改革创新为动力，以学习实践为基础，以科学管理为保障，以“堂堂正正做人、清清白白做官、扎扎实实做事、公公正正执法”为座右铭，努力践行着“忠诚、文明、和谐、奋进”的院风，先进模范层出不穷，各项工作扎实推进，稳步提升。

近年来，该院在改革中创新，创新中发展。在以往工作的基础上，院党组进一步找准一分院工作定位——办案机关，坚决查办职务犯罪大要案；明确清晰的工作思路——提高干警的“学习、实践、创新”三项能力，促进“学习型、创新型、健康型”检察院建设，搭建“主诉、主侦、主办”检察官三个平台，推动实现司法规范化、队伍专业化、管理科学化的“四个三”目标，使检察工作和检察人员同步可持续发展；明确的努力方向——学习型、创新型、健康型的“三型”检察院，坚持以深入贯彻科学发展观为主线，以提高法律监督能力为核心，以队伍专业化建设为方向，带领全院检察人员在科学发展的征程中努力实现“争创一流、争当表率、争做排头兵”的目标。同时，还提出了“走精兵路、办精品案”的工作思路，为促进该院工作的进一步发展指明了方向。

2012年以来，北京市人民检察院党组对该院提出要“争一流、当表率，实现走在直辖市分院检察机关前列”。该院党组进一步提出要以业务和队伍建设、品牌和文化形成为着力点，全面打造具有“一流业绩、一流队伍、一流品牌、一流文化”的检察机关，推动全院工作的科学发展。创一流的业绩，就是要围绕职责定位办精品案，围绕中心工作抓科学管理。建一流的队伍，就是要顺应时代发展走精兵路，顺应人才需求可持续发展。树一流的品牌，就是要强化创新驱动树业务品牌，强化先进典型培养树队伍品牌。育一流的文化，就是要弘扬检察职业道德提升公信力，弘扬一分院精神增强凝聚力。“四个一流”集中体现了我们业务与队伍建设的价值取向与具体要求：建一流的队伍是前提条件，一流的检察机关必须以一流的人才队伍为基础；创一流的业绩是核心内容，一流的检察机关必须有一流的工作业绩来印证；树一流的品牌是必然要求，一流的检察机关必须有一流的品牌来增强说服力；育一流的文化是根本保证，一流的检察机关必须以一流的检察文化为动力。

2015年以来，在上述工作思路的传承和创新中，该院的特色文化建设也不断迈上新的台阶，制定出台了《关于建设一流检察文化的意见》。明确了一流检察文化建设的目标：检察人员对检察文化建设重要性认识更加深刻，检察文化建设工作思路更加清晰；检察人员职业信仰更加坚定，职业精神更加高尚，职业作风更加纯洁，职业素能更加过硬，职业行为更加规范，职业形象更加优良；文化活动载体更加丰富，文化设施更加齐备，工作机制更加健全；在服务检察中心工作和重点任务方面成效更加明显，在实现检察文化与检察工作、检察事业与检察人员和谐发展中发挥积极作用。同时，还进一步提炼出“尚法、精业、创新、卓越”的一分院精神，推动了该院特色文化建设的新发展。

第一节 建设“学习型、创新型、健康型”检察院

建院以来，北京市检一分院始终坚持围绕检察中心工作，努力建设“学习型、创新型、健康型”检察院，积极培育特色检察文化品牌形象，创出了一条以提高检察队伍素质为重点和服务检察中心工作为目标的检察文化建设工作思路和有效方法，为检察文化建设探求了一条新路径。

一、培育文化理念，建设“学习型”检察院

创建学习型检察文化是建设学习型检察机关和学习型检察人员的基础工程，是积极推进各项检察工作不断创新发展的内在要求和现实需要。多年来，该院坚持以提高学习效果、助推检察工作发展为目标，积极探索创建学习型检察机关文化新路子，在把握结合、注重实效中推动检察工作科学发展。

一是结合形势任务，开展宣传活动。多年来，该院坚持认真贯彻落实党和国家路线方针政策，深入开展党的十八大，十八届三中、四中、五中全会精神，中国工会十六大，“中国梦、检察梦、劳动美”，社会主义核心价值观等系列学习宣传教育活动，进一步筑牢检察人员的思想道德基础。

二是结合重要节点，组织教育活动。结合重要节点，有的放矢地开展宣传教育活动，是该院机关文化建设的又一特色。近年来，该院坚持利用每年“三五”、“三八”、“五一”、“五四”、“七一”、“八一”和“十一”等重要节点，组织开展了“弘扬雷锋精神，展现检察风采”、“感动我们的身边人和事”、“践行核心价值观，彰显巾帼检察风采”、“首都和谐家庭”、“军营伴你成长，检察成就梦想”宣传展示以及“爱国主义”主题教育等系列活动。全院各部门热情响应，踊跃参与，积极展示，表现出了较高的学习教育热情，取得了良好的成效。

三是结合自身特点，深化实践活动。该院通过针对性的宣传教育和实践活动，增强全体检察人员围绕中心服务大局的责任意识。积极组织和鼓励检察人员结合本职工作，开展形式多样的送法进企业、进学校和社区的“三进两促”活动。以开展党的群众路线教育实践活动为契机，在关乎人民群众利益、维护公民权益等方面，主动征求各部门意见和建议，明确努力方向、研究改进措施，并强调在着重抓落实、见成效上下功夫。在培育学习型工会文化建设中，该院特别注重积极宣传该院检察队伍、检察业务、检察文化活动以及先进典型，凝聚正能量，展示好形象，受到了北京市属机关和北京市人民检察院的充分肯定以及各部门的认可。

二、转变工作模式，建设“创新型”检察院

多年来，北京市检一分院坚持把打造“创新型”检察机关文化作为增强检察队伍凝聚力、促进检察工作发展的动力和源泉。

一是拓展检察工作平台，探寻有效途径。五年前，该院作为北京市市直机关健身基地，首创并成立了以检察官为主体的俱乐部。会员们依托检察官俱乐部平台开展了健康向上的文化体育活动。同时，为了加强俱乐部的规范化建设，该院先后制定了《关于建设“健康型”检察院的实施意见》、《检察官俱乐部章程》、《检察官文体协会章程》、《机关文体活动日规定》、《检察官俱乐部各活动场馆管理规定》、《检察官俱乐部文体章程》以及10余个文体兴趣队（组）相关规定等一系列制度。检察官俱乐部拥有统一的会微、会标、文体队队旗和相应的制度规范，有效促进和提升了检察机关文化建设的水平，形成了独具特色的检察文化，为推动市直机关群众性文化体育活动，作出了积极贡献。

二是开展“争创”活动，提升工作水平。多年来，该院认真按照上级工会《关于进一步加强和创新“职工之家”建设提高服务职工能力意见》的部署要求，深入开展以“建工会小家，促工作发展”为主要内容的系列“争创”活动。全院各部门工会小组结合实际，积极开展形式多样的争先创优活动，涌现出了以北京市“模范工会小家”公诉一处为代表的众多优秀工会小家；以北京市“三八红旗

集体”公诉二处为代表的先进群体；以首都“五一劳动奖章”获得者庄伟、张荣革，北京市“三八红旗手”为代表的一批优秀工会之友、优秀工会干部和优秀工会积极分子，他们在“服务会员、维护权益，推动工作，促进发展”中，发挥着引领示范作用。

三是完善考核评价，促进检察工作发展。根据市总工会、市直机关工会重点工作和北京市检察机关基层院考核办法的相关要求，该院机关工会按照本院工作和人员实际，研究制定了机关工会工作考评办法。多年来，该院注重平时考核与季度、年度考核相结合；量化考核与民主推荐相结合；工会活动与服务中心工作相结合。对检察人员的检察工作的考核中充分体现了客观、公正、民主、择优的原则，起到了认真总结、客观评价、鼓励先进、推动工作的作用。

三、坚持筑本强基，建设“健康型”检察院

北京市检一分院在创建“健康型”检察院的过程中，坚持打牢每位检察人员身体健康这一基础，不断开展丰富多彩的文化体育活动，为全体检察人员强身健体提供了平台；坚持心理健康这一根本，不断满足检察人员的心理需求，陶冶情操，提升修养，为培育社会主义核心价值观创造了有利条件。

一是开展活动，强身健体。多年来，该院机关工会注重以检察官俱乐部为平台，坚持业余文体活动常态化，鼓励会员实现“参加一个文体团队、掌握几种锻炼方法、提高多项健康指标”的目标。与此同时，机关工会还注重利用社会资源，积极组队参加北京国际长跑节、北京市全民健身节、北京国际长走大会、全球华人羽毛球比赛、北京市职工羽毛球比赛、谁是“球王”民间羽毛球争霸赛等多种形式的社会文体活动，通过投身活动、参与竞赛，进一步展示了该院检察文化品牌和会员良好的形象。

二是陶冶情操，提升素养。该院作为主要办案机关，检察人员担负着繁重的检察业务任务，面对诸多压力和挑战。该院除扎实开展系列学习宣传教育活动，积极开展丰富多彩的文化体育活动外，还坚持以健康向上的心灵为动力，进行了女检察官心理健康实证调研，并撰写了调研报告。了解女性检察官的心理健康状况，探究其成长需求，

营造女检察官健康和谐的工作生活环境，更好地发挥女检察官在检察事业中半边天的作用，受到了中国女检察官协会的充分认可和肯定。该院还组织开展和鼓励检察人员积极参加“中国梦，我的成长之路”、“中国梦，劳动美”、首都“和谐家庭”评比展示等主题活动，以及以“健康身心美丽人生”为主题的《职场心理》、《礼仪形象》、《服饰搭配》、《健康养生》、《家庭救护》、《科学健身》、《职场运动无处不在》系列讲座活动，进一步增强了检察人员快乐工作、健康生活的理念。

三是桥梁纽带，共建双赢。该院作为全国群众体育先进单位和北京市直机关健身基地，承载着更多健康向上的文化生息，寄予着各级组织和全体会员的殷切期望。多年来，该院在市直机关工委的领导下，加强与各相关单位、部门的交流与合作，充分发挥文化体育场馆的平台作用，曾先后组织了市直机关青年礼仪风采大赛、市直机关第三、四届“和谐杯乒乓球”及台球比赛、北京市检察系统多项文体赛事和市直机关片组体育比赛以及对外交流友谊赛等活动，密切了联系，增进了了解，实现了共赢，为推动市直机关群众文化体育活动，发挥了积极作用。

第二节 坚持“走精兵路、办精品案”工作思路

近年来，北京市检一分院在队伍建设、业务建设等方面，始终坚持“走精兵路、办精品案”的双精路线，各项工作都取得了一定的进步。检察文化建设是一个动态的发展过程，它与检察机关和检察人员在不同时期的检察工作实践紧密相关。该院在努力推动和实现一分院检察工作全面发展的进程中，一分院的特色文化建设也迈上了一个新台阶。

一、依托队伍建设成效，夯实检察文化发展根基

近年来，该院认真贯彻落实高检院、北京市院关于人才强检战略的一系列部署，遵循检察工作发展和人才成长规律，扎实推进过硬检察队伍建设。特别是党的十八大以来，该院进一步明确了队伍建设方

向，紧紧围绕检察中心工作、突出检察队伍建设根本地位，并注重以检察队伍建设的成效引领带动该院的检察特色文化建设。具体来说，在特色文化建设中，该院突出了先进典型和青年检察人员两个群体，强化了组织基础和硬件设施两方面保障，完善了检察队伍管理和队伍激励两项机制。

一是抓好典型推树，营造良好氛围。坚持将先进典型推树确立为提升检察职业感召力的重要抓手和突破口。例如该院积极开展优秀青年典型推树工作，深入宣传以赵鹏同志和该院评选出的“十佳岗位标兵”等为代表的一批青年检察人员榜样的先进事迹，集中体现新时期检察官理想信念坚定、时代特色突出、职业责任感强的可贵精神，教育引导全体青年检察人员立足岗位成长成才。同时，以该院反贪局、公诉二处等为代表的一批先进集体，也帮助青年检察人员进一步增强了职业归属感和集体荣誉感。

二是依托青年群体，突出时代特色。以实现坚定信念、振奋士气、激发活力、增强聚力、提升能力为目标，紧紧围绕时代特色，扎实开展系列文化活动。例如组织专门力量，广泛收集一分院建院以来的各类资料，开辟专门区域，精心设计了一分院专题院史展；着眼青年检察人员的特点，开展了“一分院青年检察人员核心价值观”征集活动，将社会主义核心价值观和职业特色、时代特色、一分院特色有机融合，作为一分院青年检察人员发展、培养等工作的指导思想和价值追求；开展青年成长工程，为青年检察人员成长成才营造健康氛围、搭建优良平台，逐步培养一支理想远大、朝气蓬勃、精通业务、勇挑重担、作风过硬的青年检察官队伍。

三是打造特色社团，夯实组织基础。注重从可持续发展角度，鼓励广大检察人员自行组成文化社团，形成百花齐放、百家争鸣的良好局面。近年来，该院相继成立了“辩论协会”、“英语协会”、“金剑文学社”、“摄影兴趣小组”等社团，并积极开展了相关活动。如结合业务工作，组织辩论协会会员开展模拟辩论；鼓励文学社成员利用业余时间创作思想性、艺术性、观赏性兼备的检察文化作品；开展摄影知识专题讲座，组织摄影兴趣小组的成员进行野外采风，开展摄影作品展评等活动。

四是完善硬件设施，提供必要条件。充分整合院内现有资源，为丰富检察人员检察文化活动提供必要条件。例如该院成立了专门的检察官俱乐部，下设乒乓球、羽毛球、篮球、足球、户外健身队、太极拳队、合唱队等10余个文体活动队，并设计了相应的队标、队旗、队徽。检察官俱乐部及各活动队成立以来，该院在市直机关和首都政法、检察系统开展的各项体育竞赛活动中，多次获奖，并被国家体育总局评为全国体育先进单位。同时，该院检察官俱乐部还成为市直属机关干部职工首个健身基地，先后承办了市直机关“和谐杯”乒乓球比赛等活动。

五是推行科学管理，夯实发展基础。结合检察工作实际，逐渐形成了重点工作有督办、办案质量有案管、纪律作风有督察的系统化、动态管理机制。建立完善了督办工作机制，以季度为单位，明确全院重点工作及责任部门、完成时限，通过职能部门督促落实、拟定督办工作报告等形式，确保全院各阶段检察工作有具体抓手、切实增强了各方面工作的统筹力度，保证了各项工作质量。该院还建立完善了案件管理机制，依托高检院统一业务应用系统、北京市人民检察院检立方平台等信息化手段，对全院的检察业务工作进行了全方位流程监控和质量评查，切实提高了办案质量。该院还建立完善了检务督察机制，结合司法办案实际，重点加强对检察窗口岗位、司法办案活动、队伍纪律作风的监督检查，为确保办案安全、司法规范化提供了重要保障。

六是搭建激励平台，增强发展动力。围绕检察队伍的专业化、职业化发展趋势，积极搭建多元化的激励平台，切实增强检察人员的发展动力。该院通过开展青年检察官成长工程，为占全院近半数的40岁以下青年检察人员的成长成才提供岗位历练、交流使用、培训调研、竞赛评比等多方面的发展机会和展示平台，以青年工作带动全院检察人员的工作积极性。该院还坚持德才兼备的选人用人标准，严格规范干部选拔任用机制，调整和充实了中层领导干部队伍，进一步畅通了检察人员的职级晋升通道，党组选人用人的导向和成效得到了全体检察人员的认可与好评。

二、突出司法办案活动，明确检察文化发展方向

司法办案是检察机关的中心工作，也是检察机关的职责所在。从职责定位来看，多年来，北京市检一分院承担了众多大案要案、重大敏感、疑难复杂案件的办理工作。与此同时，北京市检一分院还积极履行分院的指导职能，在促进提升辖区整体的司法办案水平方面，起到了较好的引领示范作用。无论是带头办理重大案件，还是有效指导基层办案，北京市检一分院都在传承和创新中不断地发展和提高。而所有这些工作，都是一分院特色文化赖以产生和生存的土壤。文化来源于生活，一分院特色文化则来源于其所开展的司法办案工作，并且得到了不断地发展和充实。

自 1999 年建院以来，该院坚持“一要坚决、二要慎重、务必搞准”的方针，集中力量查办有影响有震动的职务犯罪大案要案，坚决查办重点行业和新领域经济犯罪案件，积极开展治理商业贿赂的专项斗争，正确把握司法力度和办案效果的关系，不断提高突破案件的能力和办案质量。在市委、市检察院的领导下，充分发挥法律监督职能，先后公诉了原第九届全国人大常委会副委员长成克杰、原公安部副部长李纪周、原广东省高级法院院长麦崇楷、原黑龙江省政协主席韩桂芝、原四川省人民政府副省长李达昌、原系国家食品药品监督管理局局长郑筱萸等一批在全国有重大影响的重大职务犯罪案件。党的十八大以来，中央反腐败力度持续加大，该院积极贯彻落实上级部署，高质量完成了国家发改委能源局系列专案、北京市交管局系列专案、国土部系列专案以及云南省原副省长沈培平受贿专案等大要案的办理工作。通过上述大要案的查办，有效震慑了犯罪，弘扬了法治，为检察机关赢得了声誉，彰显了党和国家惩治腐败的坚强决心。

在大要案的办理过程中，该院始终坚持做到“三个更加突出”。一是更加突出大要案的办理职责。从首都分院检察机关的基本特点来看，集中力量查办大要案正是其首都资源优势、自身级别优势的重要体现。因此，该院在大要案办理方面，始终坚持办理规模和力度，有效保持惩治腐败的高压态势。二是更加突出大要案的办理质

量。案件质量是司法办案活动的生命线。该院在大要案办理中，始终坚持案件质量的核心地位，并紧紧围绕这个核心建立完善了一整套案件质量保障机制，在加强线索的流转和评估、梳理完善案件办案流程、强化提前介入引导侦查等方面做了大量工作。三是更加突出大要案的办理效果。由于首都高度的政治敏感性和广泛的社会关注度，任何一件大要案的办理都有可能引发不小的震动。因此，努力实现政治效果、社会效果和法律效果的有机统一，是大要案查办工作必须坚持的正确方向。该院结合大要案的办理，有针对性地开展了职务犯罪警示教育活动，努力帮助发案单位堵塞漏洞、完善机制，最大限度地减少腐败机会和廉政风险，在个案预防、类案预防和行业预防等方面的工作有效推进了首都诸多行业和单位的惩防体系建设。

在大要案办理之外，该院还承担了众多重大、疑难、复杂案件的办理工作。近年来，该院按照中央和市委的部署，依法做好“法轮功”案件的批捕、起诉工作，深入开展打黑除恶专项斗争，贯彻宽严相济的刑事政策，努力实现办案政治效果、法律效果与社会效果的统一。准确适用审查逮捕和审查起诉标准，积极推行、大胆实践、不断完善主诉检察官办案责任制、主任检察官办案责任制、普通程序被告人认罪案件简化审、多媒体示证、公诉引导侦查、量刑建议和证人出庭等办案制度和办案方式的改革，正确履行审查批捕和审查起诉职责，对“京城第一盗车案”、“打闷棍案”、“蓝极速网吧纵火案”、“阎建忠故意杀人九死一伤案”、“北大、清华爆炸案”、“大兴摔童案”、“许志永等人聚众扰乱社会秩序案”等一批重大案件，都依法办理，维护了首都的社会稳定和政治安定。

正是在上述司法办案实践中，通过不断总结和深化，逐步形成了具有一分院特色的工作品牌，包括职务犯罪侦查队建制、公诉主任检察官办案责任制、公诉引导侦查、命案提前介入、信息引导侦查、侦防一体化等，其中，多项工作得到上级机关和领导的高度评价，依托派驻市国资委检察联络室，开展国有企业职务犯罪预防工作的相关做法更是被中央电视台《新闻联播》栏目报道。这些生动的实践，为该院特色文化的形成和发展提供了源源不断的资源和动力。

三、深化管理机制创新，增强检察文化发展动力

近年来，该院围绕司法办案中心工作，从促进司法规范化、完善内外部考评、强化督促落实等方面，不断加强科学管理，持续深入地推进严格规范执法，构建了该院特色文化建设丰富的资源库。

一是积极促进司法办案规范化建设。立足分院检察机关在大要案查办、重大敏感案件办理等方面的职责定位，不断优化和整合办案资源及人才优势，促进检察业务管理规范化。例如为了应对新刑诉法、新民诉法等新法的实施，与北京市一中院等相关单位会签了《修改后刑诉法实施衔接意见》、《庭前会议工作实施细则》、《推进刑事二审上诉案件办理工作的座谈纪要》、《鉴定人出庭工作实施办法》、《关于开展民事执行活动法律监督工作实施细则》等文件；就刑事执行监督部门参与死刑临场监督、侦监部门开展羁押必要性审查、民事行政部门开展执行监督等“两法”赋予的新检察监督职能，进行研究和探索。完善了律师接待、犯罪嫌疑人权益保障、民事案件受理等方面的规章制度。

二是促进司法办案品牌的形成。在深入总结办案实践经验的基础上，与时俱进地进行补充完善，逐步形成具有该院特色的检察业务品牌。例如，该院率先启动重大刑事案件关键证人出庭工作，与北京市一中法刑事审判部门多次会商，签署了《关于落实关键证人出庭工作的会议纪要》，明确规定了证人出庭工作的范围、程序及相关保障工作，高检院在该院专门召开现场会进行经验总结和推广。又如，针对贪污贿赂类职务犯罪案件，积极开展公诉引导侦查工作，从促进引导侦查科学化、侦查活动规范化、侦查起诉一体化三个方面进行深入探索，逐步实现对该院立案侦查的贪污贿赂类职务犯罪案件100%引导，相关做法得到了上级机关的充分肯定。

三是不断完善内外部考评机制建设。以考评工作为抓手，努力调动全员积极性，促进检察业务管理科学化：（1）全面落实核心业务指标。围绕26项检察业务核心指标，对该院内部考评工作中检察业务部分的内容进行调整，对与之相关的工作内容进行细化分解，明确

责任内容和主体；精简原有综合管理类内部考评内容，明确了加强科学管理和服务业务发展两个重点，切实促进综合与业务部门考评工作的有机结合。（2）强化部门考评和检察人员个人绩效考评。该院制定了《公诉案件管理工作细则》、《民事、行政案件管理工作细则》、《国家赔偿案件管理工作细则》、《刑事申诉案件管理工作细则》等具体考核机制，实现对业务部门办案流程、文书监督管理、归档结案、案件质量评查和考核、案件统计等方面的考核管理。（3）搭建多元化激励机制，将各项考评工作指标纳入对检察人员职级晋升、部门评先评优的体系中，最大限度调动了全院检察人员的工作积极性。（4）加强业务数据分析运用。强化传统与信息化案件管理模式的整合，强化研究室、案管办等职能部门的整合，强化全院各部门之间以及各部门内部的整合，进一步提升了业务数据分析运用的效率和效果，为领导及时掌握工作情况、完善工作推进方向，提供了实证参考。

四是建立奖勤罚懒的督促落实机制。该院通过整合各方面资源，促进了业务管理精细化：（1）开展系统的规章制度立改废活动。该院制定了《关于1999年以来各项规章制度清理工作实施方案》，成立了清理工作领导小组，明确了办公室、研究室、案管办、政治部、纪检监察等职能部门作为牵头责任部门，分别负责全院领导班子建设、业务工作、队伍建设、行政保障规章制度的梳理和完善工作。在院局域网开辟专栏，指派专人实时更新并上传清理后的全院各类规章制度。（2）建立完善督促落实机制。由办公室牵头负责全院重点任务的督办工作。以季度为单位制定全院的重点工作任务，采用各部门报送、主管检察长修订、督办职能部门完善的三级工作模式，列明任务内容、责任部门和完成期限，就完成情况定期开展督促检查，形成督办工作报告，报送院领导，将完成情况上网公示，这些都与部门和部门领导的绩效考评挂钩，从而实现了全院各项工作有规划、有步骤、有督促、有落实。

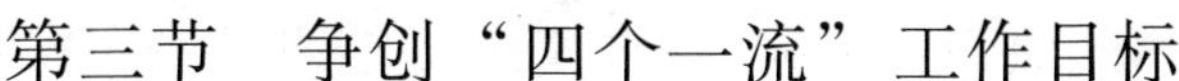

第三节 争创“四个一流”工作目标

2012年以来，该院坚持争创“一流队伍、一流业绩、一流品牌、一流文化”的工作思路，扎实开展各项检察工作。尤其是党的十八大以来，中央对于司法改革、检察改革作出了明确的部署。该院在认真贯彻落实上级各项改革要求过程中，逐步形成了具有本院特色的相关探索和创新。这些工作的发展，为该院不断深化新形势下的特色文化建设奠定了坚实基础。总体来看，该院在深化特色文化内涵方面，继续坚持突出司法办案中心工作，并紧密结合司法改革相关要求，将重点放在司法办案责任制的改革上，探索形成了具有本院特色的职务犯罪侦查队建制和公诉部门主任检察官责任制；在拓展特色文化外延方面，该院在大力推进检务公开的过程中，依托微博、微信等新媒体手段，不断丰富特色文化的表现形式，促进自身不断提高特色文化的表现力和影响力。

一、顺应司法改革要求，深化检察文化内涵

近年来，该院反贪部门立足查办重大职务犯罪案件的工作实际，探索建立了职务犯罪侦查队建制工作模式，在紧紧围绕提升工作效率、提高案件质量、强化内部监督三方面提升了司法规范化水平，在保持办案规模、集中力量突破大要案、深挖窝案串案等方面发挥了显著作用。职务犯罪侦查队建制，就是在反贪局内下设若干个侦查队，实行以侦查处长为指挥核心，侦查队长为主要责任人的分级负责办案制。在具体办案单元上，改变传统的“一检一书”办案组，即一名检察员带一名书记员，整合成为一个队列编制的办案团队，根据年龄、阅历、能力等不同特点，按比例配齐6—8人，同时配备必要的装备。侦查队长一般由副处长兼任，作为办案第一责任人，指挥调配侦查力量，根据专业化分工，有序开展外围查询、跟踪侦查、讯问、询问，核查线索，收集证据等工作，实现了单兵分散式办案向团队集群式办案的转变。在实际办案方面，侦查队采取“两头小、中间大”的“橄榄型”侦查模式。在前期线索初查和后期结案处理时，由侦

查队中的具体承办人负责；而中间查办过程，则由全队人员集中作战，组成审讯、询问、外调、查账等多个办案组，各司其责、整体推进。如在立案阶段，采取全队参与集中侦查的方法，同步开展外围侦查、取证、讯问嫌疑人、询问证人，全面收集和运用证据揭露证实犯罪，有效避免串供、毁证。“橄榄型”侦查模式在提高办案效率的同时，有效提升了深挖案件能力。在监督制约方面，侦查队长向局长、处长负责并报告工作，同时一线指挥、亲自参与办案，充分发挥侦查指挥、协调和监督办案的作用。同时，由于初查计划、行动预案等办案程序融入集体讨论，相对公开，负责决策指挥的侦查队长也受到监督。而队员对分配工作各负其责，侦查工作各环节紧密衔接，形成纵向到头、横向到边的整体防范体系，有利于防止违规办案和安全事故。

2007 年，该院率先在公诉部门探索建立主任检察官办案责任制，在推动公诉工作深入开展方面起到了积极作用。在人员选任方面，充分考虑分院办理的案件疑难复杂程度深、政治敏感性强、社会影响广的特点，按照承办重大疑难复杂案件的职责定位要求，两次面向全市检察机关公开选拔主任检察官，先后将 11 名具有较高政治素质和政策水平，通理论、精实务的专业化人才任命为公诉部门主任检察官，其中全国“十佳”公诉人 2 名，全市“十佳”公诉人 2 名，全市“十优”公诉人 3 名，为推行主任检察官办案责任制提供了人力资源保障，奠定了坚实的专业基础。在权力配置方面，赋予主任检察官办理案件更加独立的决定权。明确主任检察官是案件的第一责任人，对一般案件的办理享有决定权，对上级交办、督办及专案等重大案件的办理，主任检察官享有建议权，原则上只接受检委会、检察长、主管副检察长的领导，公诉部门处长不对案件具体办理过程进行干预，弱化了案件办理过程中的行政色彩，促使主任检察官主动提高自身的责任意识和专业能力，解决了因层层汇报、审批带来的办案效率不高、办案责任不清的实际问题，办案效率和质量逐年提高。在办案组织方面，采取主任检察官办案责任制与专业化办案组相结合的方式办理各类案件。主任检察官组办理的案件罪名相对固定。每个主任检察官组由主任检察官、检察员、助理检察员和书记员4级人员组成，根据人员专业、技能特点按照“1+2+2+1”的模式，即配备1名主任检察官、2名检察员、2名助理检察员、1名书记员。在案件办理过程中，根据难易程度有所侧重地发挥各级办案人员的作用，如上级督办、交办或重大疑难复杂案件，由主任检察官亲自或带领部分组内成员办理；对于案件事实简单、证据情况较好的案件，一般由新任助理检察官办理，由主任检察官审批把关。

上述这些办案机制的改革探索，在集中力量突破大要案、深挖窝案串案、提高大要案办案质量和效率等方面，发挥了显著作用。与此同时，该院在司法办案责任制方面的探索，也得到了上级机关和领导的积极评价，该院职务犯罪侦查队建制的相关做法被北京市检察院转发，该院公诉部门主任检察官办案责任制的相关做法被《国家检察官学院学报》刊登。这些成果的取得，为该院进一步做好新形势下的检察特色文化建设，提供了有力的支持。

二、顺应检务公开需求，拓展检察文化外延

近年来，该院将检务公开需求与新媒体发展紧密结合起来，依托微博、微信等载体，不断拓展该院检察特色文化的外延。

在微博建设方面，该院通过“三个依托”，逐步建设形成了该院的微博品牌。一是依托微案例，积极净化网络环境。首创“微案例”的编写形式，将该院司法办案中遇到的一些具有代表性的法律和社会问题，编写成一百字左右的“微案例”，并通过微博等网络载体，与网民进行讨论，进而发挥普法功用，营造遵纪守法的网络氛围。例如，该院检察官赵鹏，通过个人实名微博，共发布了四十余个“微案例”，吸引了十六多万网民参与讨论和浏览，取得了较好的法制宣传效果。二是依托实名微博，树立亲民利民形象。该院积极拓展微博这一全新的网络宣传阵地，注重将检察官的专业素养和人格魅力有机结合，打造了具有职能特色和该院特点的检察官实名微博。例如，该院检察官赵鹏通过微博解答质疑，化解民怨，安抚情绪，赢得了有上访倾向的网民对司法机关的最大认可，并借助微博的私信功能，以坦诚的态度和完备的法律知识，通过近百次的

说服教育和引导沟通，成功劝说一名在逃犯罪嫌疑人投案自首。此做法不仅赢得了媒体的好评，还得到了市检察院、高检院以及中央政法委等相关领导的认可，并两次获得“全国十佳检察官影响力微博”称号。三是依托官方微博，有效满足群众需求。坚持检察官实名微博的同时，大力加强该院内设处室的官方微博建设，从做好微博选题策划入手，积极寻找部门特点与社会需求的契合点，最大限度地发挥官方微博的教育引导作用。例如，针对青少年在微博用户中占据相当大比重的现实情况，该院未检处在今年六一儿童节期间，利用官方微博开展了“解读青少年违法犯罪现状，关注未成年人权益保护”的特别策划活动，针对青少年犯罪特征介绍、原因分析、权益保护等，与广大网友进行互动交流，受到了青少年博友及其家属的广泛关注，并被《检察日报》报道。该做法打破了以往走社区、进学校等活动带来的空间局限，为检察机关对话公众，宣扬检察职能，开辟了新的渠道。

在微信建设方面，该院按照“强化三项功能、拓展三个延伸”思路，进行栏目设置，重在强化“检务公开、舆情监测、互动交流”三项功能，设置了案件信息、检察地图和相关法律文书公开及法律法规资料查询等栏目，并公开了举报电话，公开自觉接受社会监督。微博、微信等新媒体平台的管理员，每天要对网络舆情开展不少于 3 次的集中监测，发现异常舆情，及时制作舆情日报，及时主动回应人民群众对检察工作的关切。同时，在微信平台上设立了“检察网阵”栏目，加强与各分院、基层院新媒体间的互动交流与支持配合，共同形成强大舆论合力。在此基础上，该院微信公众服务号还努力向“便民利民、社会治理、网络反腐”三个方面延伸，积极推出网上便民利民措施，在官方微博、微信设立微检察、微普法、案件传真、检察动态等栏目，通过文字、图片、视频，适时发布检察工作动态和职务犯罪查办信息，介绍司法办案流程。开设网上职务犯罪预防大厅、社区矫正 QQ 群等平台，主动延伸检察工作触角。联合未检处探索建立“知心姐姐”预防未成年人犯罪工作联络站，在线为家长、未成年人提供法律咨询、心理疏导等服务。密切关注网络发帖、微博发博、论坛发言，借力网络拓宽案源渠道，加大反腐力度。除此之外，该院还建立了名为“一分院青年汇”的微信群，截至目前，群中已注册该院青年检察人员近百人，为检察人员之间及时分享工作、学习、生活等各方面的经验感受，提供了便捷平台。

这些新媒体手段的应用，极大增强了该院检察特色文化的发展活力和与时俱进的能力。同时，也对于我们不断加强检察特色文化建设，提供了更为广阔的思路和开放的平台，有利于进一步打造该院检察特色文化建设品牌。

第四节 检察文化建设实践总体分析

党的十八大指出，文化是民族的血脉，是人民的精神家园，这充分阐释了文化对于一个民族和国家的重要性。党的十八大以来，全面推进依法治国的力度持续加大、司法改革步伐不断加快，为检察机关提供了许多新的机遇和挑战。如何充分发挥好检察文化建设对于深化司法改革的促进作用，成为当前形势下亟须解决的课题，这也是检察文化建设水平迈上新台阶的重要契机。北京市检一分院通过近年来的检察文化建设实践，逐步形成了“检察职业文化、检察机关文化、检察特色文化”三位一体的检察文化建设格局，在准确把握司法改革部署和要求的基础上，深入思考和稳步探索使检察文化建设能够真正顺应检察改革实际需求和检察工作实践规律的新模式，形成了一些新经验和新做法。

一、“三位一体”检察文化建设格局的具体内涵

2007 年 11 月，中国检察官文联主席、原最高人民检察院常务副检察长张耕在全国检察机关文化建设巡礼上指出：“检察文化是中国特色社会主义先进文化的组成部分，是检察机关履行法律监督职能过程中衍生的法律文化，伴随中国特色检察事业的发展而不断丰富完善。检察文化建设涵盖检察思想政治建设、执法理念建设、行为规

范建设、职业道德建设、职业形象建设等。”[①] 最高人民检察院《关于加强检察文化建设的意见》也明确指出，检察文化是检察机关在长期法律监督实践和管理活动中逐步形成的与中国特色社会主义检察制度相关的思想观念、职业精神、道德规范、行为方式以及相关载体和物质表现的总和。在明确检察文化基本内涵的基础上，有必要对检察文化的外延进行探讨。我们认为，检察文化的划分，可分为两个层次：一是一般性和特殊性的划分，即一般性检察文化和特殊性检察文化，后者可称为检察特色文化。二是对一般性检察文化进行第二次细分，根据检察文化主体（即检察人员和检察机关[②]）的不同，分为检察职业文化和检察机关文化。基于上述考量，本文将检察文化分为“检察职业文化、检察机关文化、检察特色文化”三个方面。这些检察文化都具有自己的特定内涵。

一是检察职业文化区别于企业职业文化。在社会职业文化中，企业文化占据着重要地位。而优秀的企业文化，甚至会超出企业范围之外，深刻影响到社会的发展。企业文化本身包含很多内容，作为企业文化的分支，企业职业文化具有一定的代表性，而检察职业文化与企业职业文化存在以下不同：从职责内容看，检察人员的职责属于法定职责，企业职员的职责属于约定职责；从职业追求看，检察人员追求的是法治、公平、正义等方面内容，企业职员追求的本质上是利益最大化。这两方面的显著区别，决定了检察职业文化与企业职业文化在具体内容和目标价值上的明显差异。

二是检察机关文化区别于其他团队文化。从广义角度来看，任何一个组织的文化或许都能纳入团队文化的范畴。检察机关文化自然也属于团队文化。但检察机关与其他组织之间的区别，也会折射到检

① 参见《深入学习贯彻十七大精神推动检察文化繁荣发展全国检察机关文化建设巡礼活动在广州举行》，载《检察日报》2007年11月28日。

② 参见徐汉明：《检察文化建设的主体性和规制性》，载《检察日报》2013年7月12日。文章中提出检察文化建设的主体有三个层次的划分：检察机关、检察人员及其群体组织。考虑到检察官群体组织本质上是检察人员的联合，故本书不予单列。

察机关文化与其他团队文化的关系上来。具体来说，检察机关首先是机关，机关和其他团队，在事务管理、人事管理等方面存在不同；其次，检察机关又不同于其他党政机关，作为国家法律监督机关，具有职责刚性较强、自由裁量范围较小等特性。上述这些不同之处，就决定了检察机关文化与其他团队文化在内部氛围和外部环境方面的迥异。

三是检察特色文化区别于一般性检察文化。虽然检察官和检察官之间，检察机关和检察机关之间都大同小异，但这并不意味着不同地域、不同层次的检察文化之间就应该是千篇一律。恰恰相反，由于各地检察机关、检察人员的不同特点，决定了各地由检察机关和检察人员创造的检察文化各具特色。同时，在检察文化的发展中，也必然会受到来自检察人员和检察机关外部的各种因素的影响，形成具有地方特色的检察文化。[①] 因此，正是由于这些不同因素的介入，实现了检察特色文化与一般性检察文化之间的区别。

二、“三位一体”检察文化建设格局阐述

从实际操作层面而言，“检察职业文化、检察机关文化、检察特色文化”三位一体的检察文化格局的形成，主要应当依托两条路径：一是顺势而为。即按照检察文化建设的内在规律，相应地开展相关文化建设工作。二是精心培育。即积极探索符合基层实际、突出自身特色的检察文化建设模式。统一性和多样性并存，是不断加大检察文化建设的应有之义。在检察文化建设过程中，一方面，应当紧紧围绕检察人员、检察机关的法律职责要求和法律监督属性，积极进行有关检察职业方面的文化建设。另一方面，应当处理好不同检察机关、不同地域检察机关各自独有的传承和创新之间的关系，这需要各地检察人员和检察机关的不懈求索。

---

① 参见王维新：《新形势下如何建设地方特色的基层检察文化》，载《陕西社会科学界第3届学术年会辉煌60年中国特色社会主义理论与道路专题论坛文集》；王殿宏、张平：《检察文化品牌建设与发展》，载《人民检察》2013年第8期。

一是检察职业文化。所谓检察职业文化，就是以检察人员的法定职责、司法理念、职业道德、司法行为等为主要内容的文化分支。检察职业文化在检察文化的整体格局中，突出的是其主体性。这种主体性可以从两个方面来理解：一方面，检察职业文化本身具有主体地位。检察职业文化虽然隶属于检察文化的大框架下，但检察职业文化具有一定的独立性。这种独立性的来源就是检察职业的独立性。因此，检察职业文化在整个检察文化体系中，占据着龙头地位，能够从检察文化的体系中适当分离，并不因此而丧失自身的存在价值和完整性。在这方面，检察机关文化和检察特色文化的主体地位则明显不及检察职业文化。检察机关文化，究其根源，仍然需要具体的检察人员依据职责去创造、去发展，因而检察机关文化必然难以超越检察职业文化而独立存在；检察特色文化则完全依赖于特定的检察人员和特定的检察机关，也难言独立性。另一方面，检察职业文化根植于检察人员这个主体，因而可以从主体性来加以界定。因此，深刻理解检察职业文化的主体性，可以有效发挥检察职业文化建设对检察文化建设整体水平的带动和牵引作用。也就是说，检察职业文化是整个检察文化体系的动力火车头，是整个检察文化体系的造血干细胞。

二是检察机关文化。检察机关文化是“检察机关在对机关的人和事进行管理的过程中所形成的管理文化”。[①] 检察机关文化在检察文化的整体格局中，突出的是其组织性。这种组织性可以从对内和对外两个方面来把握：在检察机关文化的对内方面，检察机关文化就是检察机关内部的各项规章制度、组织人事纪律、监督制约机制等内部的管理制度，还包括营造风清气正的机关环境以及“尊重老同志、培养年轻同志”等团结和谐的机关氛围，这些都是检察机关文化所具备的基本内容。在检察机关文化的对外方面，检察机关文化首先要求从整体的角度看待检察机关，其次要积极树立起检察机关良好的整体形象。之所以强调检察机关文化的重要性，既是考

① 参见陈茜倩：《我国检察文化建设现状及其完善建议》，广西师范大学2012年硕士学位论文。

虑到检察机关作为一个整体在检察文化建设中的主体位置，也是由于检察机关自身作为一个组织必然有其特定的组织文化。检察机关文化的内外两个方面，彼此之间具有相辅相成的关系。即检察机关文化反映出的检察机关内部人和事的管理成效，会促进对外树立检察机关良好的社会形象；而检察机关文化对外的良好社会形象，也同样能够强化检察机关的文化自觉和自信，有助于进一步优化检察机关的内部管理，促进检察机关内部文化的丰富和发展。

三是检察特色文化。检察特色文化，是指不同地区的检察机关立足于自身的实际情况，所创造的具有明显独特性的检察文化。在检察文化建设中，鼓励检察文化创新，千篇一律的文化是没有生命力的。因此，在检察文化体系中，检察特色文化是十分宝贵的；检察文化的丰富多彩和蓬勃朝气，在较大程度上取决于检察特色文化的建设成效。只有检察特色文化的层出不穷，才会有检察文化的高潮迭起。检察特色文化的突出特征是其自主性，该自主性主要来源于以下三个方面：(1) 历史的传承。文化是一脉相承的，检察特色文化同样与其历史传统密切相关。(2) 当下的实践。检察机关立足于自身的实践经验，是形成检察特色文化的重要保障。(3) 未来的创造。检察特色文化要不断发展并保持其特色，就必须放眼于未来，不断地总结实践经验和进行创新，这是必须坚持的方向。检察特色文化的特色可以进一步细分为工作特色、地域特色、历史特色等。这些不同类别的特色文化，不要求全部具备，只要具备其中之一，就可以认定为是检察特色文化。

三、加强“三位一体”检察文化建设的实践建议

根据“检察职业文化、检察机关文化、检察特色文化”的格局，要加强检察文化建设，就应当从加强检察职业文化、加强检察机关文化和加强检察特色文化三个方面进行。

（一）加强检察职业文化建设

如果将检察职业视作为一种特殊身份，那么它至少应当有以下一些内在要求：政治性、法律性、公共性。所谓政治性，是指从事检察职业的检察人员应当具备较高的思想政治水平，在思想和行动上能够同党和国家的方针政策时刻保持一致，并牢固树立大局意识。强化大局意识，就是要求检察人员主动将检察工作纳入党和国家工作大局中来谋划和推进，确保司法办案的政治效果。所谓法律性，是指检察职业是一种法律职业，检察人员就是法律工作者。因此，提升严格规范司法水平，真正树立起法治理念和法律权威，是检察人员责无旁贷的使命。具体来说，检察人员在从事司法办案过程中，要坚持以事实为根据、以法律为准绳，并真正将这种要求内化于心、外化于行，确保司法办案活动的法律效果。所谓公共性，是指检察人员通过司法办案等活动，与社会上的其他组织、民众有着深入地接触，检察人员的行为对社会能够产生较为直接的影响。具体来说，检察人员在履职过程中，应当充分考虑社会受众的诉求和反应，注重在检察职业与社会的良性互动上有所作为，确保司法办案活动的社会效果。在加强检察职业文化建设方面，北京市检一分院采取了以下做法：

一是强化理想信念教育，明确正确方向。即坚持理想信念教育的龙头地位，增强检察人员奉献检察事业的使命感和荣誉感。结合上级要求和自身实际，该院先后组织开展了“恪守检察职业道德，实现青年岗位成才”、“与祖国共奋进，与时代同发展”、“追寻历史忆先烈、坚定信念铸精兵”、“青春正能量，身边好青年”等不同主题、不同形式的理想信念教育实践活动，切实帮助广大检察人员坚定了理想信念，增进了对检察职业的认同感，从而为检察业务工作提高了坚强的思想保证。

二是加强专业文化建设，奠定职业基础。即坚持专业文化建设的核心地位，为促进提升检察人员的业务能力营造良好的文化氛围。该院大力推进读书工程，每年确定一个读书主题，制定一个读书方案，推荐10本必读书目，每年召开一次读书总结交流表彰会，最大限度调动检察人员学习热情。2012 年以来，全院检察人员平均每年阅读各类书籍 1900 余册，撰写读书笔记、心得体会文章 310 余篇，发表调研文章近 400 篇，促进提高了广大检察人员的语言表达能力、文字写作能力、组织协调能力、分析判断能力以及司法办案能力。

三是优化先进典型推树，发挥引领作用。即坚持将先进典型推树确立为提升检察职业感召力的重要抓手和突破口。该院积极开展优秀青年典型推树工作，深入宣传以赵鹏同志和我院评选出的“十佳岗位标兵”等为代表的一批青年检察官榜样的先进事迹，集中体现新时期检察官理想信念坚定、时代特色突出、职业责任感强的可贵精神，教育引导全体青年检察人员立足岗位成长成才。同时，该院还树立了反贪局、公诉二处等为代表的一批先进集体，帮助青年检察人员进一步增强了职业归属感和集体荣誉感。

（二）加强检察机关文化建设

检察机关文化本质上是一种管理文化，直接来源于检察机关内外部的管理实践。从检察机关内部管理实践看，应当突出检察机关的司法属性，促进完善体现公正司法的一系列体制机制。如在推进主任检察官改革过程中，重点在于是否能够实现主任检察官办案的主体地位，能否让主任检察官独立自主地决定案件，能否实现从传统的行政审批式管理向依法独立行使检察权理念的转变。从检察机关外部管理实践看，应当以树立检察机关良好的社会形象，提升检察机关司法公信力为目标，完善和创新有关管理制度和机制，营造检察机关对外交流的良好机制和氛围。在检察机关文化建设方面，北京市检一分院采取了以下做法：

一是深挖内部潜力，丰富活动形式。即充分整合院内现有资源，为丰富检察人员检察文化活动提供必要条件。该院成立了专门的检察官俱乐部，下设乒乓球、羽毛球、篮球、足球、户外健身队、太极拳队、合唱队等 10 个文体活动队，并设计了相应的队标、队旗、队徽。俱乐部及各活动队成立以来，该院在市直机关和首都政法、检察系统开展的各项体育竞赛活动中多次获奖，并被国家体育总局评为全国体育先进单位。同时，该院检察官俱乐部成为市直属机关干部职工首个健身基地，先后承办了市直机关“和谐杯”乒乓球比赛等活动。

二是引入外部力量，提升活动效果。即不断拓宽工作视野，将优秀的外部资源“请进来”，促进提升检察文化活动的实际效果。例如该院在五四青年节期间，邀请专业的拓展公司，带领全院青年检察人员开展户外拓展活动。通过各种趣味性的团体活动，增进了青年检察人员之间的相互融合和彼此信任，营造了健康向上的良好氛围。又如，该院定期组织检察文化沙龙活动，先后邀请了全国模范检察官、房山区检察院侦查监督处处长隗永贵，青年舞蹈家刘岩等多位优秀人士，来院与检察人员进行深入交流。

三是强化内外交流，拓展活动范围。即积极组织检察人员参与上级和其他兄弟单位的各项文化活动，在“走出去”的过程中提升检察队伍形象。例如该院积极参加团市委、团工委组织开展的各项活动，与团工委及市直系统各单位建立了良好的沟通关系。该院还连续两年在“两会”期间策划组织了市直系统“志愿服务活动周”地铁志愿服务活动，与其他会员单位还联合组织了多项交流、联谊、公益服务等活动，为该院树立了良好的整体形象。

（三）加强检察特色文化建设

检察特色文化建设，要立足于检察工作的实践特色。检察特色文化深深根植于不同检察机关、不同检察人员的辛勤劳作之上。在检察职业文化、检察机关文化的建设上，不同检察机关之间的差别并不十分明显，这两种检察文化共性成分较多；而检察特色文化则恰恰相反，个性成分占主导地位。因此，检察特色文化建设的成效，直接反映了特定检察机关、特定检察人员的独特气质，是一个辨识度较高的检察文化分支。在进行检察特色文化建设时，应当处理好以下关系：一是文化传承和文化创新的关系。传承的是检察特色文化的历史积淀，创新的是检察特色文化的现实发展。二是工作实践与深入挖掘的关系。检察特色文化虽然来源于检察工作，但两者并不等同，从检察工作实践到检察特色文化的形成，仍然需要提炼和升华。三是保持特色与加强交流的关系。检察特色文化的形成不是闭门造车，需要在对外交流中汲取养分，并做到与自身特色的有机结合，从而实现本土化。四是地域特色与工作特色的关系。无论是地域特色，还是工作特色，都是检察特色文化的重要来源，两者之间可以彼此影响、相互融入。在检察特色文化建设方面，北京市检一分院采取了以下做法：

一是依托网络媒介，与时俱进打造文化品牌。积极拓展微博文化阵地，打造具有职能特色和本院特点的检察官实名微博。其中，该院赵鹏同志通过个人实名微博发布微案例，并在线解答网友咨询、弘扬法治精神，赢得了超过16万的微博听众，因而两次获得“全国十佳检察官影响力微博”称号。同时，该院院还建立了名为“一分院青年汇”的微信群，为检察人员之间及时分享工作、学习、生活等各方面的经验感受，提供了便捷平台。

二是依托青年群体，突出检察文化时代特色。即着眼于青年检察人员，以实现坚定信念、振奋士气、激发活力、增强聚力、提升能力为目标，紧紧围绕时代特色，扎实开展系列文化活动。例如该院开展了“一分院青年检察人员核心价值观”征集活动，将社会主义核心价值观和职业特色、时代特色、一分院特色有机融合，作为一分院青年检察人员发展、培养等工作的指导思想和价值追求；开展青年成长工程，为青年检察人员成长成才营造健康氛围、搭建优良平台，逐步培养了一支理想远大、朝气蓬勃、精通业务、勇挑重担、作风过硬的青年检察官队伍。

三是依托检察社团，夯实特色文化组织基础。注重从可持续发展角度，鼓励广大检察人员自行组成文化社团，形成百花齐放、百家争鸣的良好局面。近年来，该院相继成立了“辩论协会”、“英语协会”、“金剑文学社”、“摄影兴趣小组”等社团，并积极开展了相关活动。如结合业务工作，组织辩论协会会员开展模拟辩论；开辟英语角，组织英语协会会员进行英语对话，提高“说”英语的能力；鼓励文学社成员利用业余时间创作思想性、艺术性、观赏性兼备的检察文化作品；开展摄影知识专题讲座，组织摄影兴趣小组成员野外采风，开展摄影作品展评等。

党的十八大以来，我国法治建设力度持续加大、司法改革步伐不断加快，检察机关面临许多新的课题。我们认为，“检察职业文化、检察机关文化、检察特色文化”三位一体的检察文化建设格局，能够在保证检察文化建设的节奏与检察改革相一致、体现检察工作规律和特色、促进检察机关软实力提升等方面，发挥积极的作用。

后 记

党的十八大以来，检察文化建设的理论和实践得到了进一步的丰富和发展。近年来，一批优秀的检察文化领域理论研究成果相继出版发行，其中以中国检察官文联组织检察系统内外专家和检察人员研究撰写的《检察文化初论》为最突出的代表，具有较高的文化理论价值。检察文化的理论研究根植于检察文化建设的实践，同时，理论研究的成果又对实践具有指导意义。受上述背景的影响和思路的指导，北京市人民检察院第一分院深刻总结和梳理了自身检察文化建设实践的成果和经验，并注重从实践中提取和归纳理论因素，逐步就如何加强检察文化建设形成了独特的见解。

2014 年 10 月，在北京市人民检察院第一分院党组书记、检察长高保京同志的倡导下，该院政治部副主任、干部处处长李军同志牵头组织成立了《当代中国检察文化建设途径研究》课题组。课题组成员均为该院干警，对检察文化建设具有浓厚的研究兴趣和一定的研究基础，在检察文化内涵、廉政文化、机关文化建设等方面取得了丰硕的研究成果，有多篇论文在全国检察文化论坛上获奖。课题组成立后，经过多次讨论，制定了撰写大纲，课题组成员分工撰写，共同努力，于 2015 年 5 月形成《当代中国检察文化建设途径研究》初稿。初稿形成后，该院课题组又先后与中国检察官文联、最高人民检察院检察理论研究所、中国检察出版社等单位的专家学者举行了座谈，听取了对初稿的指导意见，并在此基础上进行了多次修改完善。

本书从筹划到出版，前后经历了近两年的时间。在此期间，课题组成员在做好本职工作的基础上，深入开展相关调研，充分利用业余时间完成了书稿的撰写和修改工作。参与本书撰写的人员及分工如下：

李　军：第一章；

王燕鹏：第二章；

王　峻：第三章；

薛海龙：第四章、第五章；

徐　尉：第六章；

王　凯：第七章。

本书在成书过程中，得到了中国检察官文联、最高人民检察院检察理论研究所的指导和中国检察出版社的帮助，特别是最高人民检察院检察理论研究所谢鹏程副所长、学术部邓思清主任等专家学者对该书的修改完善给予了很多建设性的意见和建议，对此我们表示衷心感谢！本书的顺利出版也离不开中国检察出版社编辑老师的辛勤劳作，在此一并致谢！

囿于研究能力和视野，书中部分观点或许还不够成熟。但是，如果本书的出版能为我国检察文化建设的理论和实践提供些许有益的参考和帮助，就算是起到了抛砖引玉的作用，我们也就深感欣慰了。

高保京

2016年6月